教育部人文社会科学研究青年基金项目"基于供应链合作视角的对赌协议鲁棒模型分析"（19YJC630026）
重庆工商大学专著资助出版资金（631915008）
重庆工商大学央地共建项目（802/680217008）
重庆工商大学高层次人才科研启动项目"基于供应链鲁棒风险管理视角的'对赌困局'研究"（1855026）
国家自然科学基金资助项目"基于供应链鲁棒风险管理的成长型企业股权融资问题研究"（71571024）

邓 杰/著

成长型企业股权融资的供应链鲁棒运营分析

CHENGZHANGXING QIYE GUQUAN RONGZI DE
GONGYINGLIAN LUBAGN YUNYING FENXI

中国财经出版传媒集团

图书在版编目（CIP）数据

成长型企业股权融资的供应链鲁棒运营分析／邓杰著．
—北京：经济科学出版社，2020.8
ISBN 978 - 7 - 5218 - 1840 - 6

Ⅰ.①成… Ⅱ.①邓… Ⅲ.①企业融资 - 供应链管理 - 鲁棒控制 - 研究 Ⅳ.①F275.1

中国版本图书馆 CIP 数据核字（2020）第 166352 号

责任编辑：杜　鹏　郭　威
责任校对：郑淑艳
责任印制：邱　天

成长型企业股权融资的供应链鲁棒运营分析

邓　杰／著

经济科学出版社出版、发行　新华书店经销
社址：北京市海淀区阜成路甲 28 号　邮编：100142
编辑部电话：010 - 88191441　发行部电话：010 - 88191522
网址：www.esp.com.cn
电子邮箱：esp_bj@163.com
天猫网店：经济科学出版社旗舰店
网址：http://jjkxcbs.tmall.com
固安华明印业有限公司印装
710×1000　16 开　10 印张　150000 字
2020 年 11 月第 1 版　2020 年 11 月第 1 次印刷
ISBN 978 - 7 - 5218 - 1840 - 6　定价：56.00 元
(图书出现印装问题，本社负责调换．电话：010 - 88191510)
(版权所有　侵权必究　打击盗版　举报热线：010 - 88191661
QQ：2242791300　营销中心电话：010 - 88191537
电子邮箱：dbts@esp.com.cn)

前　言

2017 年，在全国金融工作会议上国家主席习近平强调"金融要把为实体经济服务作为出发点和落脚点"。近年来，随着我国股权市场政策环境不断得到优化，股权投融资行业的发展日趋成熟规范，越来越注重与实体企业的相互结合。股权融资作为一种可以满足成长型企业大量资金需求的融资方式，已经成为促进企业快速发展的重要途径。企业的成长离不开供应链运营的支持，然而，快速成长过程中高度不确定的外部市场环境加重了市场信息的缺失程度，使得企业面临着巨大的成长风险和运营困难。本书基于成长型企业的鲁棒（Robust）决策行为研究供应链支持下的企业股权融资问题，旨在为成长型企业、供应链以及股权投资机构之间的股权融资合作提供鲁棒风险管理的科学研究支撑。具体研究内容如下。

首先，研究了供应链契约结构对鲁棒决策行为下成长型企业股权融资的影响。契约是促成供应链企业战略合作的重要纽带，不同的契约结构反映了企业之间不同的合作关系。以供应链中下游企业股权融资为视角，建立了两类契约结构下基于极小极大后悔准则的供应链运作模型，刻画了契约结构与成长型企业股权融资之间的相互作用。研究发现成长型企业的股权融资行为极大地受到契约结构的影响：一方面，供应商主导的契约结构严重抑制了成长型企业的股权融资意愿，不利于企业发展。另一方面，通过一类契约锁定协议可以提升成长型企业的融资意愿，实现多方共赢。该部分研究揭示了供应链契约结构在股权融资过程中的重要作用。

其次，研究了鲁棒决策行为下成长型企业股权融资时的市场需求信息选择问题。市场需求是供应链运作的基础和动力源泉，在股权融资中有着重要作用。从供应链视角刻画了上下界、均值、均值与上下界三类市场需求对股权投融资以及供应链的影响特征，并基于成长型企业的鲁棒决策行为构建了相应的供应链运作模型。研究发现，在企业股权融资过程中存在市场需求信息的"价值消散"现象，即已获得上下界或者均值信息时，追求过多的需求信息反而会降低投融资双方的资产规模。上游供应商在市场需求信息的选择上，与股权投融资双方存在矛盾冲突。

再其次，以报童模型的形式对对赌业绩目标的设置问题进行了研究探讨。这部分的研究属于股权投融资双方的关系规制研究。在我国对赌第一案——海富投资案的审判中，投资方与融资企业签订的对赌协议因"脱离了公司的经营业绩，有损公司及公司债权人的利益"而被最高人民法院判定无效[1]。参照对赌第一案的对赌方式，本部分建立了私募股权投资机构与成长型企业对赌的报童模型，以运营的视角探讨了投融资双方对赌时业绩目标的设置问题，发现了同时有利于投融资双方能促进双方合作的"协作绩效区间"，并进一步分析了影响该区间的主要因素，为科学地设置对赌业绩目标提供了理论基础，在一定程度上可以避免投融资双方的矛盾冲突。

最后，研究了企业在股权融资后出现运营矛盾冲突和绩效下滑的"对赌困局"成因。这部分的研究同样属于投融资双方的关系规制研究。通过有无对赌协议两种情况下成长型企业的运营决策、投融资双方的资产以及对赌标的财务指标的对比，发现对赌协议对成长型企业具有"扭曲激励"效果，即对赌协议在激励成长型企业实现对赌业绩目标的同时，也扭曲了企业的运营行为，这是造成"对赌困局"的根本原因。为消除或者减轻这种"扭曲激励"作用，成长型企业应该选择与其战略目标相匹配的对赌标的或难易程度适当的业绩目标。

邓 杰

2020 年 6 月

---

[1] 最高人民法院. 苏州工业园区海富投资有限公司与甘肃世恒有色资源再利用有限公司、香港迪亚有限公司、陆波增资纠纷案 [J]. 中华人民共和国最高人民法院公报, 2014 (8): 34-39.

目 录

第一章 绪论 …………………………………………………………（1）

 第一节 研究背景与研究问题 …………………………………（1）

 第二节 本书的研究目的和意义 ………………………………（7）

 第三节 研究内容 ………………………………………………（8）

 第四节 研究方法 ………………………………………………（10）

第二章 研究现状分析及评述 ……………………………………（12）

 第一节 股权投/融资研究综述 ………………………………（12）

 第二节 鲁棒优化方法研究综述 ………………………………（21）

 第三节 文献评述 ………………………………………………（26）

第三章 成长型企业股权融资的供应链契约结构分析 …………（28）

 第一节 引言 ……………………………………………………（28）

 第二节 问题描述与基准模型 …………………………………（31）

 第三节 成长型企业股权融资下的供应链决策 ………………（34）

 第四节 契约结构的仿真对比分析 ……………………………（44）

 第五节 本章小结 ………………………………………………（48）

第四章 供应链视角下成长型企业股权融资的市场需求选择分析 ………（50）

 第一节 引言 ……………………………………………………（50）

1

第二节　问题描述与基准模型 …………………………………… (52)

　　第三节　不同市场需求下的供应链决策 ………………………… (56)

　　第四节　数值仿真 ………………………………………………… (67)

　　第五节　本章小结 ………………………………………………… (70)

第五章　成长型企业股权融资对赌业绩目标设置分析 …………… (72)

　　第一节　引言 ……………………………………………………… (72)

　　第二节　案例分析 ………………………………………………… (75)

　　第三节　基本假设与基准模型 …………………………………… (78)

　　第四节　PE 与制造企业的对赌模型 ……………………………… (80)

　　第五节　数值仿真 ………………………………………………… (91)

　　第六节　本章小结 ………………………………………………… (98)

第六章　成长型企业股权融资"对赌协议"的运营影响分析 ……… (100)

　　第一节　引言 ……………………………………………………… (100)

　　第二节　问题描述与基准模型 …………………………………… (103)

　　第三节　企业股权融资下的供应链决策 ………………………… (106)

　　第四节　数值仿真 ………………………………………………… (118)

　　第五节　本章小结 ………………………………………………… (122)

第七章　总结与展望 …………………………………………………… (124)

　　第一节　主要结论 ………………………………………………… (124)

　　第二节　研究展望 ………………………………………………… (126)

参考文献 ………………………………………………………………… (128)

第一章 绪 论

第一节 研究背景与研究问题

一、研究背景

金融是现代经济的核心，随着我国经济由高速增长期转入高效率、低成本、可持续的中高速"新常态"增长阶段，以工业为主的第二产业对国民经济增长的贡献率逐年下降，而金融业作为拉动国内生产总值（GDP）的重要产业板块，开始扮演着越来越重要的角色。习近平总书记在中共中央政治局第四十次集体学习时强调"金融活，经济活；金融稳，经济稳"[①]。金融的发展离不开实体经济的支持，两者共生共荣，人民银行行长周小川表示"金融和实体经济应该互为依托，相互促进、相辅相成"[②]。可以预见，金融与实体经济的相互配合必将成为我国经济在新时期的主要增长动力。

成长型企业是指在较长的时期内（如3年以上），具有持续挖掘未利用资源能力，不同程度地呈现整体扩张态势，未来发展预期良好的企业，是我国实体经济中最具活力、最重要的企业群体。成长型企业有较强市场竞争力，投资回报率普遍较高，但要激活其成长潜能、把握发展机遇，往往需要大量

---

① 习近平. 金融活经济活 金融稳经济稳 [OL]. 新华社, http://www.xinhuanet.com/2017-04/26/c_1120879442.htm, 2017-04-26.
② 周小川. 金融是现代经济血液 与实体经济互为依托 [OL]. 和讯网, https://www.sohu.com/a/150355492_639898, 2017-06-20.

的资本输入。对具有资金量小、信用等级低、抵押担保资产不足等特点的成长型企业而言，经典优序融资理论（the pecking order theory）（Myers and Majluf,1984）中"先内后外、先债后股"的融资顺序难以满足企业发展的资金需求，因此股权融资成为大多数成长型企业所追求的首要融资途径。

　　股权融资作为连接金融与实体经济的重要桥梁，已经被国家放在了突出的战略发展位置。2014 年，国务院发布了《关于进一步促进资本市场健康发展的若干意见》（简称新国九条），强调要加快多层次股权市场建设，建立健全私募发行制度，发展私募投资基金，扩大资本市场开放，坚决保护投资者特别是中小投资者合法权益，营造资本市场良好发展环境。新国九条的发布对于促进资本市场健康发展、完善多层次资本市场体系有着重要指导意义。2016 年 7 月 18 日，国家总理李克强在主持召开各省（区、市）政府负责人促进社会投资健康发展工作会议中指出积极发展股权融资，有效缓解融资难、融资贵问题，逐步降低实体经济杠杆率。随后不到 40 天，国务院便发布了《降低实体经济企业成本工作方案》，明确提出"大力发展股权融资，合理扩大债券市场规模。完善证券交易所市场股权融资功能，规范全国中小企业股份转让系统（'新三板'）发展，规范发展区域性股权市场和私募股权投资基金"。同年 10 月，国务院印发《关于积极稳妥降低企业杠杆率的意见》，在强调积极发展股权融资的同时，更是指出要"创新和丰富股权融资工具，大力发展私募股权投资基金，促进创业投资""拓宽股权融资资金来源。鼓励保险资金、年金、基本养老保险基金等长期性资金按相关规定进行股权投资。有序引导储蓄转化为股本投资。积极有效引进国外直接投资和国外创业投资资金"。与此同时，政府引导基金的蓬勃发展也为我国风险投资（venture capital）和私募股权投资（private equity）提供了大量资金支持，据私募通数据显示，截至 2016 年，政府引导基金已设立 1013 只，总目标规模为 53316.50 亿元，已到位资金达 19074.24 亿元（如图 1.1 所示），国有资本占本土 LP 可投中国风险投资/私募股权投资资本总量的 42%。由此可见，国家政府正有意识地加大对股权市场的扶持力度，试图打造能满足实体经济需求的金融链，解决我国众多中小企业尤其是成长型企业融资难、融资贵的问题，更好地连接供求、组织资源，在修复国内经济失衡方面发挥更积极的作用，以促进我国经济的良性循环来满足新时代背景下经济增长的需求。

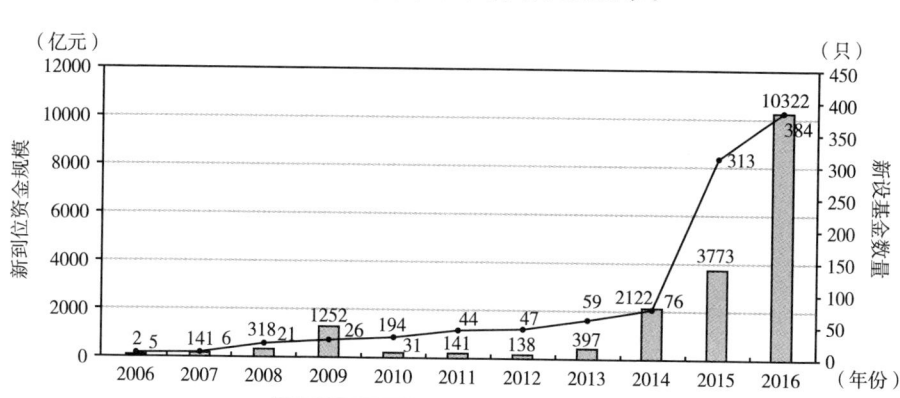

图 1.1 2006～2016 年政府引导基金设立情况

资料来源：私募通。

在国家政策以及市场的刺激下，近年来我国股权行业异常活跃。据清科研究中心最新报道可知，截至 2017 年上半年，中国股权投资机构超过 1.1 万家，管理资本超过 7.5 万亿元，登记从业人员超过 22 万人[①]。2015 年是中国经济"新常态"元年，也是我国股权投资募集市场呈现"井喷式"增长的一年，全年股权投资基金募资只数高达 2970 只，是 2014 年的 3.98 倍，2016 年以及 2017 年上半年虽有所回落，但随着多方资本尤其是政府引导基金涌入股权投资行业，使得我国股权投资市场仍处于高位（如图 1.2 所示）。募资的增长进一步带动了投资市场的活跃，投资案例数量和投资金额逐年增长（如图 1.3 所示），为众多初创企业提供启动资金，孕育出滴滴出行、今日头条、饿了么、商汤科技、知乎、摩拜、ofo 等一大批独角兽企业。

机构对企业进行股权投资大都期望通过辅助企业实现跨越式成长来赚取高额的投资回报，因此股权投资机构和成长型企业合作的基础是"企业成长性"。然而成长型企业由于处于快速成长期，高度不确定的企业成长环境所带

---

① 清科. 2017 年上半年中国股权投资市场回顾及展望 [OL]. 投资界，https://research.pedaily.cn/report/free/201708031531.shtml，2017 – 08 – 03.

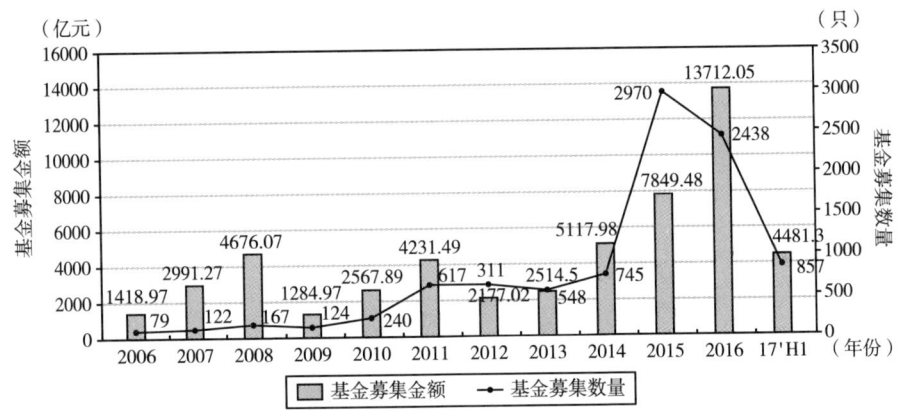

图 1.2　我国 2006~2017 年上半年股权投资基金募资情况

资料来源：私募通。

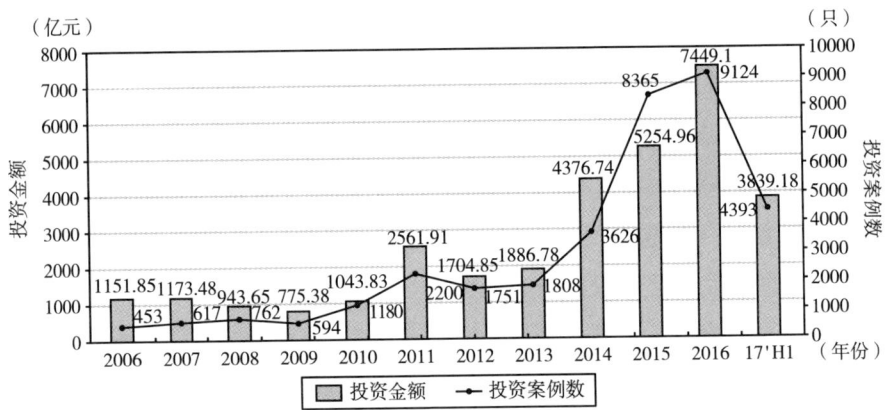

图 1.3　我国 2006~2017 年上半年股权投资基金投资情况

资料来源：私募通。

来的"成长风险"威胁着企业的运作，其特点是信息严重缺失，容易造成快速成长过程中供需的极度不匹配，这是企业成长性实现的主要障碍。例如我国"对赌第一案"中的甘肃世恒有色资源再利用有限公司，就因为市场信息的缺失导致管理层无法准确估计市场前景，最终严重的供需不匹配使得公司在 2008 年的净利润几乎为零[①]。美国科技市场研究公司 CB Insights 曾做过一

---

① 最高人民法院. 苏州工业园区海富投资有限公司与甘肃世恒有色资源再利用有限公司、香港迪亚有限公司、陆波增资纠纷案 [J]. 中华人民共和国最高人民法院公报，2014 (8)：34-39.

项调查①，分析了101家科技创业公司的失败案例，总结出了这些原本具有高成长性的公司失败的20大主要原因，其中列在首位的便是"没有市场需求"，出现过这个问题的失败创业公司占比高达42%，管理层执着于新创意的开发而忽视了市场信息缺失可能带来的危害。

市场信息严重缺失所带来的成长风险威胁着企业的快速成长，而股权投资机构与企业家之间的矛盾冲突则成为企业成长中的另一重障碍。伊扎基（Yitshaki，2008）认为由于投融资双方对于风险和契约安排有着不同的理解，双方的矛盾冲突不可避免。为了规制投融资双方之间的关系，减少合作期间的矛盾冲突，促使双方达成一致协议，对赌协议在我国股权投融资案例中得以大量使用。不幸的是，尽管有蒙牛、雨润食品、中国动向等对赌成功案例，但对更多的企业而言对赌仿佛是打开了"潘多拉魔盒"，碧桂园、飞鹤乳业等企业因对赌失败遭受巨额亏损，甚至江山易主，永乐电器、太子奶等更是因此逐渐退出了历史舞台。大多数对赌协议的使用不但没能改善投融资双方的关系，反而因赔偿问题加深了双方的矛盾，以至于屡屡出现投融资双方对簿公堂的事件，成为企业成长过程中的拦路虎。360公司创始人周鸿祎认为"对赌往往带来双输的局面"②，新东方创始人之一王强甚至呼吁创业者"千万不要签署对赌协议"③。

关于市场信息缺失的问题，早在20世纪50年代就有学者开始关注，并针对信息不确定的情况总结出了如下五类决策准则，包括保守准则（Wald准则）、冒险准则、折衷准则（Hurwitz准则）、等概率准则（Laplace准则）和极小极大后悔值准则（Savage准则）。其中，基于保守准则发展起来的极大极小方法（Scarf，1958）和极小极大后悔准则（Savage，1951）同属于分布式鲁棒优化方法（distributionally robust optimization），能有效克服因信息缺失所

---

① The Top 20 Reasons Startups Fail [OL]. CB Insights, https：//www.cbinsights.com/research/startup-failure-reasons-top/，2019 – 11 – 06.
② 毕业季来临　周鸿祎给创业者建议："狗头军师"很重要 [OL]. 人民网：https：//media.people.com.cn/n/2013/0709/c120837 – 22130910.html，2013 – 07 – 09.
③ 王强：创业者千万不要签对赌协议 [OL]. 中国网，http：//people.china.com.cn/2015 – 04/07/content_7778915.htm，2015 – 04 – 07.

带来的决策困难和决策风险，对参数的扰动具有良好的适应性和稳健性。

对于股权投融资双方之间矛盾的产生，更多的则是由于股权投资仅仅被看作是资本运作的结果，忽视了其立足于价值创造和供需匹配才能获得价值增长的本质。股权投资是一项涉及企业估值、融资额、融资阶段、控制权、经营目标、退出等一系列复杂行为相互交织的交易过程，其核心是企业的成长性，而企业成长性最终表现为企业的产品/服务对消费者的满足程度，是一个价值创造与供需匹配的运营过程。值得庆幸的是，目前学术界已开始注意到企业运营对投融资双方矛盾冲突的重要影响（周嘉南等，2015），管理者希望获得投资方的运营支持（Sapienza, 1992），甚至会后悔选择不能给企业提供运营支持的股权投资者（Khanin and Turel, 2015）。而在实际投资案例中，投资者也开始注重供应链的加入，厚生投资、乐视控股、新海天投资、成都创新风投等企业在其投资过程中都先后引入了供应链上下游企业，甚至布局全产业链。

二、研究思路

基于上述研究背景，我们发现：股权融资与实体经济相互依托、相互结合已成为企业快速成长的必然选择，同时也是"新常态"时期我国经济增长的主要动力。然而在企业快速成长的过程中，高度不确定的市场环境往往伴随着市场信息的严重缺失，这意味着成长型企业虽然有良好的发展机会，但也面临着高度的成长风险，如果无视这种风险，良好的发展机会易使企业决策者盲目乐观，而该风险的存在使企业需要决策者保持一定的"保守"或"审慎"的决策态度。供应链作为价值创造和价值实现的载体，能帮助企业更好地运营和匹配供需，是激活与保证企业成长性的源泉，从而可以在根源上解决投融资双方大部分的矛盾冲突。因此本书提出基于成长型企业的鲁棒决策行为研究供应链支持下的企业股权融资问题，图1.4描绘了本书研究问题的思路。

鲁棒决策行为常用于库存和供应链管理或物流管理，本书将其引入成长型企业股权融资过程中，主要有以下几点原因：

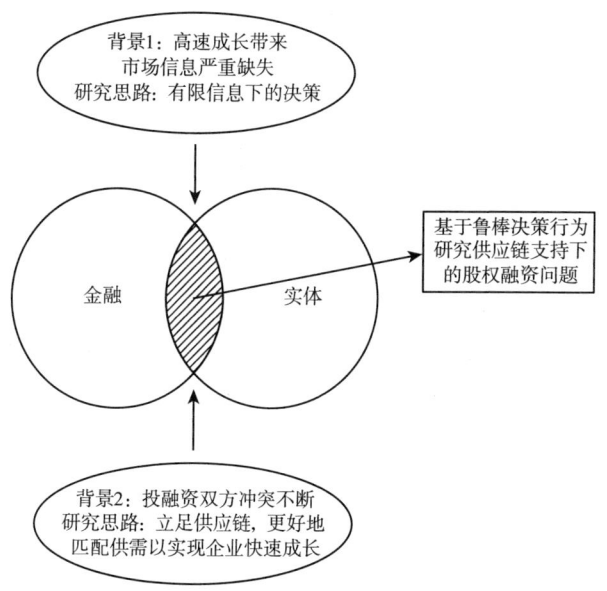

图 1.4 研究思路

第一,成长型企业面临高风险、信息缺失严重等问题,而鲁棒决策行为可以有效克服信息缺失所带来的决策困难;

第二,鲁棒决策行为是对企业决策"保守"或"审慎"的有效刻画;

第三,鲁棒决策方法在技术上的可行性(往往可以得到解析解);

第四,鲁棒决策往往具有近似最优性;

第五,鲁棒博弈可能具有更佳的系统性效果。

综上所述,采用股权融资的方式推进企业快速发展已经成为成长型企业趋势性的融资选择,需要供应链合作的支撑。在已有研究的基础上,本书将致力于成长型企业股权问题的研究,发现供应链鲁棒风险管理对股权融资的科学意义与实践价值。

第二节 本书的研究目的和意义

2012 年 9 月,全国中小企业股份转让系统正式成立,标志着我国以主板

（含中小板）和创业板为场内市场、以全国性场外交易市场和区域性股权交易市场为场外市场的多级资本市场的初步完善，为我国为数众多的中小企业加速发展提供了土壤，是新时期我国经济发展的重中之重，资本与实体经济相互结合已成大势。而对于成长型企业的股权融资问题，无论是从风险层面还是运营层面，学术界已展开了多方面的探索与研究。在此基础上，我们发现基于供应链鲁棒风险管理视角对成长型企业的股权融资问题进行研究似乎更加符合企业的成长规律，对于在帮助企业借助资本力量快速发展壮大的同时又实现资本规模增值可能有重要的借鉴意义和良好的效果，值得深入分析和探讨。基于上述目的，我们展开了本书中的研究工作，具有理论和实践两个方面的价值。

理论价值：丰富了股权融资部分的研究，拓展了鲁棒优化方法的研究及应用范畴。目前学术界关于股权融资的研究主要集中于探讨股权资金提供方、股权投资机构、融资方三大主体之间的关系和相互作用机理，本书将股权融资与供应链运营相互结合，将研究范围扩展到了供应链上下游，为股权融资领域研究的进一步拓展做出了贡献。鲁棒优化方法已经被广泛应用于应急管理、排队论、组合优化、期权定价、工业工程等领域，本书在供应链金融股权融资领域的研究也将进一步拓展其应用范围。

实践价值：为成长型企业的股权融资提供鲁棒风险管理的科学指导和理论支撑；对于调和投融资双方矛盾、实现投融资双方以及供应链上下游成员多方合作有着积极的作用。股权投资机构在进行投资时，已经开始考虑将供应链纳入考虑范围，在这样的现实背景下，本书研究工作的开展正好可以为其提供理论依据，促进金融与实体经济更好地结合，通过企业实现快速成长来达成多方共赢的局面。

第三节　研究内容

本书以供应链运营为基础，分别从供应侧、需求侧以及投资侧三个方面分析了成长型企业的股权融资问题，研究框架如图 1.5 所示。

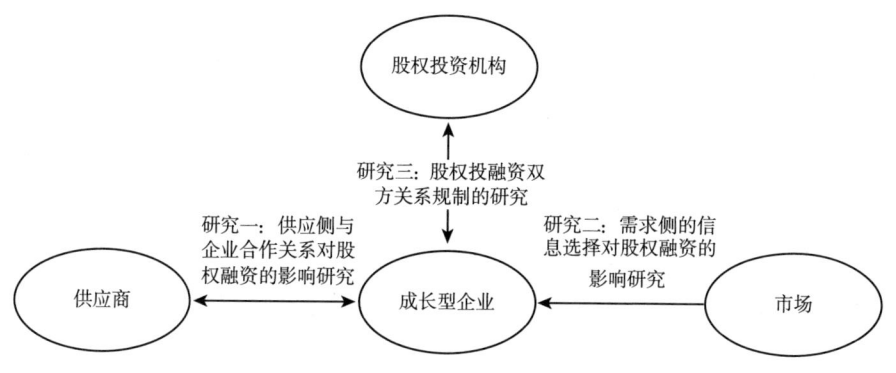

图 1.5 本书研究框架

全书共分为七章，具体研究内容如下：

第一章，绪论。首先阐述了成长型企业股权融资问题的重要性，并对其在我国的发展现状以及存在的主要问题进行了介绍，然后根据已有学术研究背景和现实案例，提出了对该问题的解决思路，引出本书的研究，并指明了其意义和价值；其次给出了具体研究框架和书中所采取的研究方法与技术路线；最后对本书的创新点进行了归纳总结。

第二章，研究现状分析及评述。对股权投/融资问题和鲁棒优化方法的研究现状进行了概述，重点从个人、组织和市场三个层面对股权投融资意愿及双方关系、投资机构募资、风险和对赌问题进行了总结和评述，并对本书的主要研究方法及其应用进行了归纳。最后为了突出主题，对本书的研究问题进行了界定。

第三章，成长型企业股权融资的供应链契约结构分析。本章刻画了供应商与具有鲁棒决策行为的成长型企业之间的两类供应链契约结构，分析了不同的契约结构对企业股权融资的影响，并进一步通过数值仿真进行了对比，发现了能提升成长型企业融资意愿、增加各方经济效益、实现合作共赢的契约结构，揭示了供应链成员的战略合作形式对股权融资的重要作用。

第四章，供应链视角下成长型企业股权融资的市场需求选择分析。本章研究了成长型企业在股权融资过程中关于市场需求信息的选择问题，基于供应链运营视角分别刻画了三种不同的市场需求类型对企业股权融资的影响，并发现企业在股权融资过程中存在需求信息的"价值消散"现象，为成长型企业在信息缺失情况下如何更加高效地利用已有信息提供了一定的理论指导。

第五章，成长型企业股权融资对赌业绩目标设置分析。本章以供应链理论模型的方式对我国首例审判对赌纠纷的案例进行了评述分析，重点探讨了案件关注焦点——对赌业绩目标的设置问题，发现了同时有利于股权投融资双方的"协作绩效区间"，为防止不切实际的业绩目标损害企业股东利益、避免投融资双方产生矛盾冲突提供了指导，也为科学地设置对赌业绩目标提供了理论基础。

第六章，成长型企业股权融资"对赌协议"的运营模型分析。本章将成长型企业的鲁棒决策行为加入思考，关注企业股权融资后运营矛盾冲突和绩效下滑的"对赌困局"，探求企业规避"对赌困局"的投融资双方的合作本质。本章研究发现对赌协议的"扭曲激励"作用是造成"对赌困局"根本原因，为减轻或消除"对赌困局"作用提供了运营基础，为股权融资下的合作共赢提供了协同运作要点。

第七章，总结与展望。对本书已有的研究工作进行了总结，并提出当前的研究思考以及未来工作的展望。

第四节　研究方法

本书研究的成长型企业股权融资问题来源于对众多现实案例的归纳整理，而进行供应链鲁棒风险管理则需要运用大量优化理论以及数学运算，并通过数值仿真对研究结果进行定量分析。本书运用的研究方法具体包括以下几类。

一、案例分析

收集并整理了大量关于企业股权融资以及对赌的案例，并对其进行分析总结，既为本书以问题导向为主的研究工作提供了素材，又是本书研究内容的重要组成部分。

二、文献整理

通过 Web of Science、INFORMS、Science Direct、中国知网（CNKI）等网络数据库资源和各种相关书籍，查阅了股权投/融资、鲁棒决策方法等方面的文献，对已有研究成果进行了归纳总结，明确了本书的研究主体和研究框架。

三、模型构建

主要以分布式鲁棒优化方法来进行模型的构建，具体通过极小极大后悔准则和极大极小准则来处理市场信息缺失的问题，并构建了多方博弈模型。考虑到问题的复杂度，第五章构建了完全信息下的随机优化模型。

四、模型求解

利用运筹学中的对偶理论以及高等数学中的相关理论知识对复杂的鲁棒优化问题进行转换并求出最优解，对于含有多方博弈的模型还需进一步利用相关博弈论知识求解各方的最优决策。

五、数值分析

在得到解析解的情况下，进一步使用 Matlab、Maple 等数学软件对结果进行验证和大量的定量分析，挖掘一些模型和解析解无法呈现的性质。

第二章 研究现状分析及评述

本书研究具有鲁棒决策行为的成长型企业在供应链支持下的企业股权融资问题，在现有的国内外研究成果中，和本书有关并能作为本书研究基础的文献主要有如下两类：一类是股权投/融资方面的研究；另一类是市场信息缺失下的鲁棒优化方法的研究。

第一节 股权投/融资研究综述

股权投资包括天使投资、风险投资、私募股权投资、公司风险投资（corporate venture capital，CVC）、众筹等众多风险资本形式，在促进中小企业尤其是具有高成长性企业的发展中发挥着无可替代的作用，越来越受到国内外企业家和学者的重视。股权投资的起源可以追溯到20世纪初，在当时的美国，富裕的家族（例如洛克菲勒家族、菲普斯家族、惠特尼家族）向他们认为有前途的企业投资并提供建议，后来逐渐引入外部人员来对这些投资进行筛选和监督，最终发展为独立的组织。1946年，世界上第一家风险投资公司——美国研究与发展公司（AR&DC）成立，风险资本步入了制度化与专业化的历程。到20世纪80年代早期，股权投/融资的发展已经初具规模，学者开始重视并研究股权投/融资的性质，及其与传统资本来源的不同之处。

早期关于股权投/融资的研究主要集中于投/融资过程，例如，泰布吉和布鲁诺（Tyebjee and Bruno，1984）于1984年将VC的投资过程分为了交易发起、交易筛选、交易评估、交易结构和投后管理共五个有序步骤；投/融资中一些重要概念［例如经济增长与风险投资基金的关系（Timmons and Bygrave，1986）；风险投资家的治理结构，（Sahlman，1990）］；主要成员的作用（Bygrave，1988；Florida and Kenney，1988；Gorman and Ahlman，1989）以及提供理论框架（Robinson，1987）等方面，这些成果为股权投/融资方向的研究打下了重要的基础。随后，罗比和迈克（Robbie and Mike，1998）首次从行业/市场与公司两个相关的层面对风险投资问题进行了讨论。卓尔等（Drover et al.，2017）进一步从个人、组织以及市场三个层次对股权投/融资问题进行了深入评述。本书也将按照此分类对已有关于股权投/融资方向的研究工作进行综述。

一、个人层面

主要关注投资者为什么投资和企业家为什么要融资（本书中我们将之称为投/融资意愿），以及投资者和企业家之间的关系和相互影响。

（一）股权投/融资意愿

关于股权投资者如何评估未来机会的研究已经引起了相当的重视（Drover et al.，2017），尽管对于机会是如何产生的这个问题目前尚存争议（Alvarez and Barney，2008），甚至在更大的科学哲学领域内，这是一场关于现实主义和构建主义的争论，已困扰组织科学学者多年（Moldoveanu and Baum，2002），但是在股权投资对象的选择方面，目前已有许多研究成果。一般而言，股权投资者更倾向于选择具有高成长性的企业（Gompers and Lerner，2010），例如创新型企业（Hellmann and Puri，2000；Link et al，2014）。赫格尔和图姆林森（Hegde and Tumlinson，2014）发现风险资本家（VCs）更倾向于投资与其具有共同种族的企业，因为可以与管理层进行更好的沟通与合作。陈等（Chen et al.，2009）通过室内试验和现场调研等定性研究方式，发现相较于企业家的创业激情，具体商业计划的准备更能打动投资者。此外，不同类型投资者的投资侧重点也具有差异，弗兰克（Franke et al.，2008）发现新手风险资本家进行投资时往往侧重于创业团队成员的个人资历，而有经验的风险投资家看重的是更广泛的团队凝聚力。总体来讲，关于股权投资意愿的研究，已经从早期简单的考虑行业特点、投资风险等方面转变为涉及主观性、交互性、或然性等多方面因素的综合考虑（Petty and Gruber，2011）以及基于多种数据来源和严密逻辑推理（Kirsch et al.，2009）的成熟研究体系。

企业家的融资意愿是决定股权投融资成败的先决条件，因而也受到了学术界的关注。卡帕索等（Capasso et al.，2014）指出一项股权投融资的成功完成不仅仅取决于目标公司的股权价值，更是受目标公司的融资意愿（即接受外部股权融资的动机）的影响。庄晋财和程李梅（2012）根据企业所处的不同生命周期，将融资意愿具体分成了发展导向的融资意愿和调整资本结构的融资意愿。阎竣和吕新业（2010）在对我国私营中小企业的一项实证研究中发现，出于保持企业控制权的考虑，约72%的中小企业主没有股权融资意愿。事实上，为了避免控制权旁落，众多私营企业或者家族性企业控制者的股权融资意愿普遍偏低。奇滕登等（Chittenden et al.，1996）在对英国中小企业的实证研究中发现，重视控制权的企业主较少采取增长导向的经营目标，更偏好于内源融资并采取保守的融资方式，霍沃斯（Howorth，2011）也有类似的结论。当然，除了控制权，还有其他因素也会影响企业家的融资意愿，陈啸（2013）通过对山西省农村中小企业进行实证研究发现造成企业融资意愿低的主要内部因素是企业规模小、预期收益低、企业资信度差等因素，同时资本市场环境和行业竞争情况等外部因素也对企业融资意愿有重要影响。欧和海恩斯（Ou and Haynes，2006）认为当企业的预期现金流入低于预期现金流出时，企业的融资意愿会增加。此外，投资者的道德品质也会影响企业家的股权融资意愿。徐（Hsu，2004）指出企业家更倾向于选择声誉较好的投资者，甚至愿意为此支付一定的溢价。如果投资者的声誉较差，则会降低企业家的融资意愿（Drover et al.，2014）。

（二）投资者与企业家之间的关系研究

投资者与企业家之间的关系对股权投资过程及结果有着重要影响。巴加加尔和刘（Batjargal and Liu，2004）发现，企业家与VCs之间紧密良好的关系对于投资契约、资金交付以及风险评估等投资决策有着显著影响。谢恩和斯图尔特（Shane and Stuart，2002）的研究指出在企业家与投资者之间具有直接或者间接关系的情况下，企业的失败率更低。学者还发现投融资双方在某些重要方面的相似性对于促进两者的合作、加深双方的关系有着积极作用，这种现象被称为"相似性偏好"。例如投资者更喜欢与自己有着相似培训和专业经验（Franke et al.，2006）、相似的思维方式（Murnieks et al.，2011），甚至相近的种族（Hegde and Tumlinson，2014）的创业者团队进行合作。当然，这种偏好并非始终会产生良好的效果，本特松和徐（Bengtsson and Hsu，2015）发现虽然企业家与VCs具有共同的种族会增加VCs投资的可能性，但是也会导致不太理想的财务结果。

二、组织层面

关于组织层面的研究涉及三大主体：股权资金提供者、股权投资机构、融资企业，以及两大组织关系：股权资金提供者与股权投资机构之间的组织关系、股权投资机构与融资企业之间的关系。已有文献主要集中于治理结构的研究，以股权投资机构为核心，围绕募资活动、投融资过程中的主要风险（信息不对称风险、估值风险等）及应对办法、投融资对企业的影响等方面展开了综述。特别地，鉴于我国的金融实践，我们对常见于投资机构与融资企业之间的对赌问题进行了综述。

（一）股权投资机构募资研究

募资是任何一家股权投资机构必不可少的行为（Gompers and Lerner，1999），涉及股权资金提供者与股权投资机构之间的组织关系，已逐渐受到学者的关注。罗比和迈克（Robbie and Mike，1998）根据资金来源将股权投资机构分为了两类：圈养型和独立型，前者是银行或者保险公司的一部分，无须从第三方融资，后者资金主要来源于养老基金、外国投资者等组成的封闭式基金。随后，学者分别对影响股权投资机构募资数量、募资速度、募资过程和募资结果等方面的因素进行了研究。例如卡明等（Cumming et al.，2005）分析了资本家的类别属性对募资的影响，发现相较于营销和行政手段，提供财务、战略/管理方面专业知识的风险资本家能获取更多的风险资本。格杰德（Gejadze，2017）发现专业化的股权投资机构的募资速度远远高于普通的股权机构。瓦德基和布罗菲（Wadecki and Brophy，2011）从竞争的视角研究了竞争、不确定性以及进入壁垒对私募股权投资机构募资过程的影响。巴贝尔和安田（Barber and Yasuda，2017）认为私募股权基金的中期业绩对募资结果有较大影响，其中中期业绩高的一般合伙人更有可能进行后续募资，且能募集更多的资金。

（二）信息不对称风险及应对办法研究

信息不对称往往会导致逆向选择（adverse selection）和道德风险（moral hazard）两类代理问题（张春霖，1995），是股权投融资过程中最常见的一种风险。目前仅仅围绕股权融资中的代理问题就已经展开了许多学术讨论。萨尔曼（1990）将代理问题分为了两类，一类是股权资金提供方为委托人、股权投资机构为代理人的第一类代理问题，另一类是以股权投资机构为委托人、企业家为代理人的第二类代理问题。代理问题涉及股权投融资过程中的三大主体间的两层组织关系，因此有学者认为委托代理关系是研究风险投资与收购基金中风险管理的基础（Kut and Smolarski，2006），波瓦利（Povaly，2007）更是指出代理问题是私募股权投资问题研究的总框架。代理问题会增加企业的股权融资成本（叶康涛和陆正飞，2004），导致股权投资机构出现投资不足（Holmstrom and Weiss，1985）或过度投资（Jensen，1993）等非效率行为，如何消除代理冲突就成为众多学者的关注点（Kaplan and Strömberg，2004；Hellmann，2006；Cumming，2008）。目前已经发展出一套成熟的理论——委托代理理论，其核心任务是研究在利益相冲突和信息不对称的环境下，委托人如何设计最优契约激励代理人（Sappington，1991）。

对于股权投融资过程中的信息不对称风险，目前主要集中于通过多阶段投资工具（Bergmann and Hege，1998；Li，2008）、契约机制（Bengtsson，2011；Li and Zahra，2012）、企业联合组织（Brander et al.，2010；Sorenson and Stuart，2008）等方式对其进行控制甚至消除。风险投资机构采取多阶段投资的方式可以保留在投资项目未完成之前进行撤资的权利（Chi and Nystrom，1995），并随着时间的推移可以使投资机构对融资企业有更多的了解

(Bergemann and Hege，1998），消除套牢问题（hold-up problem）（Neher，1999），从而产生更有效的投资决策和更好的投资结果（Kaplan and Strömberg，2003）。当然，根据古勒尔（Guler，2007）的研究发现，由于组织内部政策或者有限合伙人、投资伙伴等方面的压力，投资方并非一定会终止表现差的投资。对于利用契约机制来减少或者消除信息不对称风险则有多种形式，包括期权（Arcot，2014）、可转换证券（Hellmann，2006）、董事会机制（Wijbenga et al.，2007）、投后管理监控机制（Gorman and Sahlman，1989；Yoshikawa et al.，2004）等方式，但是这些契约的效力取决于投资者的报复能力（Li and Zahra，2012）。因此，另一种消除风险的途径——企业联合组织（syndicate）得以广泛使用。企业联合组织是股权投资机构中一种典型的联盟形式（Wright and Lockett，2003），投资机构联合投资的主要动机是分散投资风险（Brander et al.，2010），同时可以共享及联合审查投资机会（Hochberg et al.，2007），以至于许多企业在第一轮投资中就组成了企业联合组织（Lerner，1994）。事实上，布兰德等（Brander et al.，2010）发现，平均而言，组成企业联合组织的机构比单独投资时的回报率更高。

（三）估值风险及对赌协议研究

本书所研究的估值风险（valuation risk）的来源是股权投融资双方关于企业估值不一致时导致的估值冲突。关于企业价值评估的思想起源可追溯到20世纪初，1906年，费雪在其《资本和收入的本质》（The nature of capital and income）一文中阐述了确定条件下企业价值的评估方法，开创了企业价值评估的理论先河。随后威廉姆斯（Williams，1938）提出的股利折现模型（dividend discount model，DDM）、莫迪利亚尼和米勒（Modigliani and Miller，1958）的"MM理论"都为企业价值评估的理论研究做出了突出贡献。然而，邦塞尔和米图（Bancel and Mittoo，2014）通过调查研究指出基于估值理论得到的企业价值与企业实际价值存在差距，而费尔南德斯（Fernandez，2007）也指出在不同的买方之间以及买方与卖方之间，公司的价值是不同的。股权投资机构与企业在企业估值上的不一致会导致冲突，产生估值风险。伊扎基（Yitshaki，2008）认为这种冲突是投融资双方对风险以及合同安排持不同观念所引起的,是双方关系中的固有属性,应建立一种机制来缓解矛盾。因此,对赌协议(也称作估值调整机制,valuation adjustment mechanism,VAM)作为一种可以化解这类因估值不一致而导致冲突的调节机制应运而生。

对赌协议是股权投资方与融资方为了达成投融资协议所附加的对未来不确定情况的一种约定,在约定到期后根据企业运营的实际绩效调整原来的投融资条件,故往往也被认为是一种期权(Trigeorgis,1996)。对赌协议在企业并购中有着广泛的应用,又被称为"earnouts"(Barbopoulos and Wilson,2016;Cadman et al.,2014)、"contingent contract"(Lukas et al.,2012)。其作用在于当目标公司未来更多的与价值相关的信息变得可用时,买卖双方可以重新对企业价值进行评估(Barbopoulos and Sudarsanam,2012),这种协议可以有效减少企业并购中的逆向选择(Kohers and Ang,2000)和道德风险(Cain et al.,2011)。

相较于欧美国家,对赌协议在我国商业实践中的应用起步较晚,相关的法律法规并不完善,目前国内关于对赌协议的研究主要集中于对赌协议合法性的探讨。学者们普遍认为对赌协议属于射幸合同(王云霞,2013;杨涛,2014),不违反等价有偿原则且体现了双方的"意思自治"(谢海霞,2010),协议双方具有利益一致性,同时对赌协议是基于科学的预测而非主观盲目订立(杨宏芹和张岑,2013),因此,对赌协议应当具有合法性。杨明宇(2014)认为虽然对赌协议并不是一种射幸合同,但只要不损害社会公共利益,不违反法律、法规的强制性规定,仍应该是合法的。侯潇潇(2013)甚至呼吁立法部门为对赌协议设置合理的法律保障。而后,随着对赌协议在我国投资案例中的大量使用,学者们开始深入分析对赌协议在企业内部治理中的作用。米咏梅(2009)认为对赌协议作为一种外部压力有利于提高企业凝聚力和向心力,激励业绩实现。项海容等(2009)利用契约理论论证了对赌协议确实对企业家存在激励效应,但不同难度的对赌目标对企业家的激励效应是不同的。因此,学者们开始关注对赌协议中业绩目标的设置问题。其中,林畅杰(2014)发现对赌协议可能促使企业采用激进的筹资战略,引发企业的盲目扩张,因此对赌协议必须制定合理的增长目标,进行理性的经营扩张。程继爽和程锋（2007）认为设定合理的对赌标准是实现双赢的关键途径。肖菁（2011）则以案例分析的方式指出，企业应该通过正确评价已实现的财务业绩，进而合理预测未来的财务业绩，制定一个相对容易或难度适中的财务绩效目标，以实现激励管理层和员工的目的，带动企业活力，提高业绩。

（四）股权投/融资对企业的影响研究

有别于债权融资，股权融资为企业带来的不仅仅是低成本的资金，还有来自投资机构的人力资源、战略规划、经营管理、业务开拓、外部关系网络等一系列增值服务，对企业的绩效（Stubner et al., 2007；Tang et al, 2015）、治理水平（Suchard, 2009）、就业（Paglia and Harjoto, 2014）、创新（Baierl et al., 2016）等方面有重要影响。

一般而言，企业获得股权融资之后其绩效都会得到显著提升（Alemany and Martí, 2005；Bottazzi et al., 2008），但能获得融资的企业都经历过投资机构的筛选过程（screening process, Amit et al., 1998），本身就有良好的业绩表现，为了排除筛选过程对结论的影响，克罗塞等（Croce et al., 2013）特意选取了融资前具有相同绩效水平的企业进行实证，对比发现具有风险投资（VC）支持的企业绩效在第一轮融资之后就与未获得融资的企业表现出显著的差异，论证了股权投资对企业绩效具有积极效果。本森和齐多尼斯（Benson and Ziedonis, 2008）的研究指出企业风险投资（CVC）的投资也可以提升企业绩效。除了绩效提升，股权投资机构的介入也为融资企业带来了先进的管理理念。布鲁姆等（Bloom et al., 2015）通过对15000家公司的调查发现，引入了私募股权投资机构的企业有着与上市公司相近的管理水平，明显比国家、家族控制企业的管理更加完善。赫尔曼和普瑞（2002）通过对美国硅谷初创企业的实证研究发现，VC可以为企业带来更加专业化的管理措施，例如提供人力资源政策、使用股票期权计划、雇佣营销副总裁等。另外，股权投资机构在促进实体企业就业增长（Paglia and Harjoto, 2014）、加速科研技术的商业化（Link et al., 2014）、提高专利数量（Samila and Sorenson, 2011）等创新就业方面有着显著的效果。

股权投资机构的异质性（heterogeneity）也对融资企业的表现有着重要影响。科米勒等（Chemmanur et al., 2011）发现声誉较好的风险投资可以通过降低企业成本的增加速度来提升企业的效率；经验更加丰富（Sørensen, 2007）或者具有更高通用性人力资本水平（Dimov and Shepherd, 2005）的风险投资更有可能帮助企业实现IPO并成功退出。布鲁顿等（Bruton et al., 2010）发现进行风险投资和天使投资的这两类不同的股权投资机构由于在投资质量认证以及处理潜在代理问题能力等方面的不同，对企业绩效也有着不同的影响，不过受特定国家的法制环境影响，这种差异性可能会降低。

三、市场层面

在罗比和迈克（1998）关于股权投资的综述文章中，作者借用了波特的五力模型（Porter's five forces model），分别从股权投资机构与竞争对手之间的结构和相互作用、股权资金提供者的权力、急需或正在寻找股权投资的客户的权力、替代品（尤其是非正式的风险资本、杠杆收购协会和银行）的重要性以及潜在进入者的角色五个方面对当时股权投资在行业层面的研究状况作了详尽的综述。在之后的研究中，学者们关于股权投资市场层面的研究主要集中于探讨国家政策法律（Cumming and MacIntosh, 2006; Lee et al., 2007）、文化制度差异（Li et al., 2014）、企业社会关系（Lee, 2017）等宏观因素对股权投资机构的行为、投资结果等方面的影响。

一方面，国家的法律政策对股权投融资的影响是十分多样化的，例如李等（Li et al., 2015）发现政府的税收类型和税基会影响风险投资者的投资意愿。查克马和桑穆特（Chakma and Sammut, 2011）指出技术转让的出口控制政策会限制风险资本家的资本输出，阻碍国内的行业发展。勒纳和肖尔（Lerner and Schoar, 2005）通过对210个发展中国家的私募股权投资案例进行实证分析，发现股权交易行为受到法律环境的影响，其中，在执行力较强的英美法系国家，股权投资常使用可转换优先股契约；而在执行力较弱的大陆法系国家，投资机构往往使用普通股和债券的形式进行投资。另一方面，不同的文化制度会影响 VCs 的活跃度及其对正式机构激励行为的反应（Li and Zahra，2012），而 VCs 与被投资企业之间的文化制度差异对其能否成功退出有着负面影响（Li et al.，2014）。当然，这种负面影响是可消除的。雅克林和毛拉（Jääskeläinen and Maula，2014）发现通过金融投资机构之间直接或间接的社会网络关系可以消除文化和地理差异对投资机构退出的负面影响。由此可见股权投资机构的社会关系对其行为和投资结果有着重要影响。黎（Lee，2017）指出社会关系强的 VCs 更容易获得大订单，而与贵族有关的 VCs 和企业能获得更多订单以及更大的资产管理规模。王等（Wang et al.，2016）的研究还发现共同的国籍、投资类型、具有共同朋友等社会属性更能促成投资机构进行联合投资，而亚洲国家的投资者，尤其是中国，比其他国家更可能具有社会关系。

总体而言，国家法律政策对股权投资机构的影响是多元化的，文化制度的差异对股权投资结果具有负面影响，而社会关系能给股权投资者的行为和投资结果带来更多积极的效果。

第二节　鲁棒优化方法研究综述

鲁棒优化方法由于在计算上的易处理性以及可以为许多常见优化问题（例如线性规划、二次规划、半定规划等）提供易于计算的"鲁棒版本"，现已成为众多受不确定性影响的现实优化问题的主要求解方式，近年来出现了爆发式的增长。本书将从鲁棒优化问题的起源——不确定性开始，对其发展过程、现状以及应用等方面进行综述。

一、不确定性与信息缺失

富兰克·奈特说过："你无法肯定不确定性。"[①]

---

① Knight F H. Risk, uncertainty and profit [M]. Hart, Schaffner and Marx, Boston, 1921.

不确定性（uncertainty）是指事先不能准确知道某个事件或某种决策的结果，这意味着只要事件或决策可能的结果不止一种，就会产生不确定性。在经济学中不确定性是指对于未来的收益和损失等经济状况的分布范围和状态不能确知。不确定性普遍存在于人类的各种活动中，并且往往带来一种含糊的、前途未卜的情景，人们将其视为一种威胁，甚至于金融大鳄索罗斯（George Soros）都认为"我什么也不害怕，也不害怕丢钱，但我害怕不确定性"①。因此，如何在不确定环境下进行决策成为众多学者关注的问题，目前已发展出随机规划（Kataoka，1963；Samuelson，1969；Kall，1982；Birge and Louveaux，2011）、模糊决策（Yager，1978；Yuan and Shaw，1995；Hong and Choi，2000）等一系列决策理论和工具。

在现实生活中，报童问题便是由不确定性所引发的一个经典管理学问题。该问题考虑的是报童需要在市场需求不确定以及需求来临之前决策最优订货量，使其期望利润最大。报童问题本质上是一个单节点、单周期的随机库存管理问题，它起源于19世纪80年代的银行业，被经济学家埃奇沃斯（Edgeworth，1888）用于解决面对不确定需求时银行如何处理现金流的问题，直到爱罗（Arrow，1951）给出了随机需求下报童问题的最优解之后才引起了学术界的足够重视，并最终由怀廷（Whitin，1955）建立了我们所熟知的报童模型。报童模型由于其结构简洁并且可以很好地解释现实中的一些管理问题，逐渐被广泛应用于库存管理、产能规划和金融服务等领域，成为五大管理学经典模型之一，并随着经济发展的需要，出现了具有二层结构的报童问题（Pasternack，1985）、具有二次订货机会的报童问题（Lau and Lau1997）、多周期报童问题（Matsuyama，2006）、多产品报童问题（黄松等，2011）等扩展形式。

报童模型可以有效解决需求不确定情况下的订货问题，然而该模型关于需求分布信息的完备性假设过于理想化。事实上，决策者很难获取完整的需求分布信息（Ben-Tal and Nemirovski，2008），尤其是在历史数据较少或者不足以预测未来分布的情形下（Huyett and Viguerie，2005；Perakis and

---

① 江涌. 关于世界经济中的"不确定性"[J]. 求是，2003（15）.

Roels，2008），例如企业在推出新产品的时候，没有历史数据而难以获取消费者的需求信息（Fisher and Raman，1996；Harrison et al.，2012）。因此，决策者往往需要在信息缺失的情况下进行策略的制定，许多企业利用定性的方法来对需求进行单点预测（single-point forecasts），而不是去估计完整的分布（Dalrymple，1987）。面对这种情况，报童模型不再适用，需要新的决策工具的支持。

二、鲁棒优化方法

"鲁棒"（robust）的概念最早出现在控制领域。由于工作状态变动、外部干扰以及建模误差的缘故，很难得到实际工业过程的精确模型，而系统的各种故障也将导致模型的不确定性，因此，如何设计一个固定的控制器，使具有不确定性的对象满足控制品质，也就是鲁棒控制（robust control）。由此而提炼出来的"鲁棒性"（robustness）被应用到优化领域，诞生了如今的鲁棒优化（robust optimization，RO），研究成果最早可追溯到索伊斯特（Soyster，1973）。鲁棒优化将概率分布替换为关于随机变量的不确定集，提供了一种可免疫参数不确定的计算可行的方法（Wiesemann et al.，2014），由于不再要求参数的任何分布信息，故可以很好地克服信息缺失所带来的决策困难。随着越来越多的学者参与到该领域的研究，鲁棒优化理论体系日趋完善。

（一）经典优化问题的鲁棒对等形式

优化领域中有许多经典优化问题（例如线性规划、二次规划、半定规划、离散优化等）早已发展为成熟的理论体系，尽管如此，在面对参数扰动的情况下，仍然会存在计算和求解方面的困难。因此，有许多学者将鲁棒思想应用到这些优化问题的分析中，在参数不确定的情况下提供了易于求解的鲁棒优化版本，发展出鲁棒线性优化、鲁棒二次规划、鲁棒半定规划、鲁棒离散优化等一系列鲁棒对等形式（robust counterpart），详见表2.1。

表 2.1   鲁棒对等形式优化研究相关分类

研究内容	代表文献
鲁棒线性优化	Ghaoui and Lebret（1997），本塔尔和尼米洛夫斯基（1999），Bertsimas and Sim（2004），Bertsimas et al.（2004）
鲁棒二次规划	本塔尔和尼米洛夫斯基（1998，2002），伯特西马斯和西蒙（2006）
鲁棒半定规划	本塔尔和尼米洛夫斯基（1997），本塔尔等（1998），Ghaoui et al.（1998），Brandao and Vianna（2004），Oishi and Isaka（2009）
鲁棒离散优化	Kouvelis and Yu（2013），伯特西马斯和西蒙（2003，2004）

资料来源：作者经整理所得。

（二）分布式鲁棒优化方法

相较于随机规划，鲁棒优化方法可以在事先不知道随机变量具体分布类型的情况下为不同类别的分布提供一个统一可行的决策方案，防止不利的不确定性实现（realization）影响决策结果，同时由于不需要随机变量的概率分布信息，这使得鲁棒优化方法具有很强的稳健性和适应性。然而，鲁棒优化这种完全保护不利实现情形的行为往往会导致目标函数的严重恶化（Gabrel et al.，2014），也就是过分保守。维泽曼等（2014）认为由于鲁棒优化没有利用可用的分布信息，导致对不确定性的描述不够充分，在这种情况下，鲁棒优化提出来的决策是过分保守的。本塔尔等（Ben-Tal et al.，2004）提出，在处理现实世界中的多阶段问题时，一部分决策可以在全部或者部分不确定性实现之后进行。甚至于在决策之前，决策者就已经掌握了关于不确定性的支撑集（support）和矩（moments）等部分分布信息（Goh and Sim，2010）。因此，学者们综合了鲁棒优化和随机规划的特点，将不确定参数用具有部分分布信息的随机变量表示，逐渐发展出鲁棒优化的一个分支：分布式鲁棒优化（distributionally robust optimization，DRO）。

有意思的是，分布式鲁棒优化最早出现在 20 世纪 50 年代，比鲁棒优化的出现还早了近 20 年。1958 年，斯卡夫（Scarf，1958）通过构建极大极小模型，得到了零售商在不完全估计未来需求分布的情况下的最优订货量。后来学者也将这种方法称为 Scarf 准则、极大极小准则，其实质上是一种只有需求分布的均值和方差已知的分布式鲁棒优化方法。随后，伊西（Isii，1962）利用对偶理论对具有矩约束的分布式鲁棒优化问题进行求解，并以此方法重新证明了切比雪夫不等式。这种对偶形式的求解方法也被大量学者采用，如夏皮罗（Shapiro，2001）、伯特西马斯和波佩斯库（Bertsimas and Popescu，2005）等。1993 年，加列戈和穆恩（Gallego and Moon）用一种更简洁的方法对斯卡夫的结论进行了证明，并给出了相应的经济解释和模型推广。此后，越来越多的学者投入分布式鲁棒优化方法的研究之中（Chen et al.，2010；Han et al.，2014；Zhu et al.，2013；Mak et al.，2014；Kong et al.，2013）。

需特别指出的是，根据本塔尔和尼米洛夫斯基（Ben-Tal and Nemirovski，1998）以及伯特西马斯等（Bertsimas et al.，2011）的理论，如果将不确定参数的概率分布的权重集中到其支撑集中的一个点（单点分布），那么分布式鲁棒优化就退化为鲁棒优化问题。而徐等（Xu，2012）更是证明了当所有不确定性参数属于相同的空间时，鲁棒优化和分布式鲁棒优化是完全相等的。事实上，两种方法最大的区别是前者将不确定性用集合来描述，而后者将不确定性用带有部分分布信息的随机变量来表示，其核心思想大同小异，都有一个考虑"最坏结果（worst-case outcomes）"的过程。正因如此，奥瓦姆等（Aouam et al.，2016）、安库和特里沙基斯（Iancu and Trichakis，2013）等学者认为"鲁棒"会带来保守的决策。

为了克服这种保守性，学者们又提出了一系列保守性有所减弱的决策准则，其中比较典型的是极小极大后悔准则（minimax regret criterion）。"后悔（regret）"的概念最早由沙维奇（1951）提出，其定义为"决策者在完全信息下可能获得的额外效用"。随后被学者们大量应用于库存管理，形成了极小极大后悔决策准则理论体系（Vairaktarakis，2000；Yue et al.，2006；Perakis and Roels，2008）。不过根据武田等（Takeda et al. 2010）的理论可知，极小极大后悔准则也属于鲁棒优化的一个分支。此外，学者们还提出了"弱鲁棒"（light robustness）（Fischetti and Monaci，2009）、"绝对鲁棒"（absolute robustness）（Roy，2010）、"α-鲁棒"（α-robustness）（Kalaı et al.，2012）等保守性相对较弱的鲁棒优化方法。

三、鲁棒优化方法的应用

鲁棒优化方法能为不确定性环境下的决策者提供一个易于求解的、具有稳健性和较强适应性的决策方法，方便人们对计算结果进行定性分析。而以此建立的鲁棒优化模型可通过一些现成的软件直接求解，比如 ROME（吴和西蒙，2011）、AIMMS（Goerigk and Schöbel，2016）和 Yalmip（Löfberg，2012）等软件，这极大地方便了人们对鲁棒优化问题进行后续定量分析，使得鲁棒优化方法已成功应用于众多领域，详见表2.2。

表 2.2　　　　　　　鲁棒优化方法在各领域中的应用

研究领域	代表文献
库存和供应链管理	Natarajan et al.（2011），Chen and Sun（2012），Chung et al.（2012），Ardestani-Jaafari and Delage（2016），Mamani et al.（2016），Solyalı et al.（2016），Bertsimas and mišić（2017）
物流管理	Ang et al.（2012），Gülpınar et al.（2013），Caprara et al.（2014），Atkinson et al.（2016），Potthoff et al.（2016），Adulyasak and Jaillet（2016），Gounaris et al.（2016），Meraklı and Yaman（2016）
排队论	Rikun（2011），Kardes et al.（2011），Bertsimas et al.（2011），Bandi and Bertsimas（2012），Bandi et al.（2015），Meng et al.（2015），Lopatatzidis et al.（2016）
投资组合	Rujeerapaiboon et al.（2015），Doan et al.（2015），Fernandes et al.（2016），Balbás et al.（2016），Costa et al.（2017），Xidonas et al.（2017），Gülpınar and Çanakoğlu（2017）
收益管理	Ball and Queyranne（2009），Rusmevichientong and Topaloglu（2012），Ayvaz-Cavdaroglu et al.（2016），Fu et al.（2016），Seitz et al.（2016），Sierag and van der Mei（2016），Gönsch（2017）
公共物品	Bortfeld et al.（2008），Yao et al.（2009），Chen et al.（2011），Ben-Tal et al.（2011），Goryashko and Nemirovski（2014），Angelopoulos et al.（2016），Whitehead（2017）

资料来源：作者经整理所得。

第三节　文献评述

随着我国多级资本市场的进一步完善，股权市场正变得异常活跃，为我国为数众多的中小企业的快速成长提供了土壤，而关于股权投融资的学术研究也越来越受到各行业企业家以及学者的重视。现有文献从个人、组织以及市场三个不同的层次对股权投融资问题中的募资、投融资过程、投融资结果等方面进行了深入而全面的研究与探讨，重点揭示了股权资金提供方、股权投资机构、融资方三大主要参与者之间的纵向关系与作用机理。其他参与者，例如政府（Cumming and Macintosh，2006；Guerini and Quas，2016）、竞争者（Murray，1995；Bettignies and Duchêne，2015）等也在股权投融资中扮演了重要的角色。但是我们注意到研究企业上下游与股权融资之间关系与影响的文献较少，而基于供应链视角探讨股权投融资问题的研究更是凤毛麟角。供应链不仅涉及成长型企业上下游这样的重要参与者，更是联系企业价值创造与价值实现的主要企业组织。在股权投融资的研究日趋多元化的基础上，研究供应链支持下的企业股权融资问题不仅是融资企业更好地运营之必需，对于促进金融与实体经济充分结合更具有理论指导价值。

在研究方法层面，现有股权投融资方面的研究以实证、案例分析等定性研究为主，少部分定量研究大都从博弈和财务模型出发。企业在获得股权融资而快速成长的过程中，多变的外部市场环境不仅容易导致信息不对称，更伴随着信息的严重缺失，极大地增加了决策难度。鲁棒优化理论体系的发展为决策者在信息缺失情况下的决策提供了良好的解决方案，具有很强的稳定性和适应性，将其应用于成长型企业股权融资的决策过程，具有重要的现实意义。

本书在现有研究的基础上，借助已有的鲁棒优化理论工具应对企业快速成长过程中的市场信息缺失风险，基于供应链运营视角研究了供应商、市场和投资方各主体与融资企业之间的关系对股权投融资的影响，涉及供应商、成长型企业、市场组成的供应链体系与投资方、成长型企业、市场组成的资金链体系之间的相互交织，探讨了多层次、多组织之间的战略合作架构。

第三章 成长型企业股权融资的供应链契约结构分析

第一节 引　言

金融与实体经济的结合已成为我国经济新常态时期的趋势性走向。2017年7月，在全国金融工作会议上，国家主席习近平特别强调"金融要把为实体经济服务作为出发点和落脚点"，定下了未来五年我国金融发展的基调。作为金融的重要组成部分，我国股权市场正变得异常活跃，大量资金涌入实体企业，助推企业快速成长。据清科数据统计可知，2016年我国股权投资案例总数为9124笔，同比增长9.07%，股权投资总额达7449亿元，同比增长41.75%。实体企业的运作离不开供应链的支持，供应链企业之间的合作方式，即契约结构直接决定了供应链成员之间的利益分配模式、风险应对能力等，对企业的发展有着深远影响，并直接关系着股权投资的未来收益。为了减少上下游之间的摩擦，股权投资机构在进行投资时，甚至会并购、自建上下游渠道。乐视控股向零派乐享投资20亿元助推零派乐享整合电动车上下游企业，打通全产业链条。新海天在投资农企时试图通过整合上下游资源来规避成本波动风险，以便于更好地支持企业运营。这种全产业链模式固然可以避免许多上下游企业之间的合作模式纠纷，但正如新海天股权基金部总经理王伟所言，"全产业链模式存在'把鸡蛋放在一个篮子的风险',容易形成全产业都不景气的局面"[①],而且会增加股权投资成本。因此,研究供应链企业间的合作方式对企业股权融资的影响,寻找有利于促进供应链上下游企业和股权投资机构多方共赢的契约结构,有助于实现风险共担、合作共赢,从而更好地促进金融与实体经济的发展。

供应链企业缔结供应链契约的目的是保持持续的商业伙伴关系,通过减少搜索和谈判成本来降低上下游企业的交易成本(Tsay et al., 1999)。因此,供应链上下游企业以契约作为双方战略合作的纽带,不同的契约结构体现了上下游企业不同的合作方式和供应链地位。供应链契约是一个庞大的研究体系,在传统的供应链管理文献中,已有大量学者对各种供应链契约进行了广泛而深入的探讨,包括批发价契约(Wang F et al., 2013)、回购契约(Wang and Choi, 2014)、收益共享契约(Xu H et al., 2014)、销售回扣契约(Heydari and Asl-Najafi, 2016)、数量折扣契约(Ogier et al., 2013)等。其中,关于协调供应链的契约结构的研究在促进供应链企业间的战略合作(Zhang et al., 2015)、提升供应链效率(Cachon, 2003)、降低供应链风险(肖玉明和汪贤裕,2008)等方面发挥了积极的作用。另外,随着供应链金融行业的兴起,契约理论逐渐被应用于供应链金融领域,为金融与实体经济的结合提供了理论指导。尹等(Yin et al., 2011)通过构建回购契约、收益共享契约等传统契约与存货融资契约相组合的契约结构,来实现服装供应链在运营和金融两个层面上的协调。陈和万(Chen and Wan, 2011)基于批发价契约研究了企业的债权融资问题,发现在竞争资本市场上融资可以同时为供应商和零售商创造价值。张和方(Zhang and Fang, 2012)同样关注了竞争资本市场上的债权融资问题,发现具有资金约束的零售商向竞争资本市场上的投资者进行债权融资时,可以通过收益共享契约来协调供应链。当然,收益共享契约并非始终都能协调进行债权融资的供应链。林强和李苗(2013)研究了具有资金约束的零售商的保兑仓融资问题,发现在此融资模式下,收益共享契约无法实现供应链协调,但供应链成员的利润仍高于银行直接贷款模式下的

[①] 私募股权布局全产业链[OL]. 湖北日报, http://www.cnbubei.com/hbrb/hbrbsglk/hbrb06/201303/t2515035.shtml, 2013-03-25.

利润。沈建男等（2017）研究了资金短缺的零售商分别进行延期付款、提前付款、准时付款三种付款方式时收益共享契约对供应链利润的改进作用，发现在供应商和零售商都需要向银行进行贷款的准时付款模式下，收益共享契约无法实现供应链协调，但是供应链成员的利润会比不采用该契约时具有明显改进。企业在运营过程中不但会面临资金约束，有时候还不得不面对融资额约束的情况。晏妮娜和孙宝文（2014）研究了基于有限融资的供应链金融系统最优决策及协调策略问题，发现在有限融资条件下，批发价契约能够增加供应链金融系统各参与主体的预期收益，并可以通过有效协调提高供应链系统的渠道效率。此外，还有学者考虑了中小企业从供应链内部大型企业进行闭环融资的模式，比如中小供应商向大型电商平台贷款的电商借贷模式。于辉等（2017）基于批发价契约对比了新兴的电商借贷模式与传统银行借贷模式各自的优劣，并发现单纯依靠批发价契约无法有效提高供应链的效率。现有文献主要从债权融资层面考察了契约理论在供应链金融领域的重要作用，特别地，王宇和于辉（2017）从股权融资层面展开研究，初步提出了"企业在股权融资过程中应重视供应链合作"的观点。

结合已有研究，本章认为企业在进行股权融资时不仅应重视供应链合作，还应重视具体合作方式的选择，即契约结构的选择。供应链上下游企业之间的合作模式直接决定了供应链的运行效率以及供应链成员之间的利益分配方式、风险应对能力，对企业的发展有着深远的影响，更关系着股权投资的未来收益。同时，良好的供应链上下游合作关系还可以免去股权投资机构在整合上下游过程中的资金投入。因此，研究供应链契约结构对企业股权融资的影响，不仅可以为企业的股权投融资提供理论指导，寻找能促进供应链企业、股权投资机构多方合作共赢的契约结构，更可以避免投资机构不必要的资金浪费，提高金融资源配置效率。

本章以探究供应链契约结构对企业股权融资的影响为出发点，分别在契约锁定与未锁定两种情况下研究了成长型企业股权融资时的供应链运作策略，旨在通过两类契约结构的对比，深入分析股权投融资与供应链契约结构的内在联系，发现一种能促进金融与实体经济紧密结合，实现供应商、成长型企业以及股权投资者多方共赢的契约结构。

第二节　问题描述与基准模型

一、问题描述与假设

考虑到由成长型企业和占主导地位的上游供应商组成的二级供应链，本章研究零售类型的成长型企业。供应商以批发价 w 向零售商销售产品，其单位成本为 c。零售商为处于扩张期的成长型企业，高度不确定的外部市场环境使得零售商面临的市场需求 ξ 具有随机性，其累积分布函数 F 非负且连续，且难以被完整地观测，只有均值 μ 是已知的。在销售价格为 p 时，零售商需要在信息严重缺失的情况下决策向供应商采购的商品数量 q，而供应商则需决策其最优批发价 w，双方进行以供应商为主导的斯塔克伯格博弈。

本章研究"扩张类"成长型企业的股权融资问题。处于成长期的零售商在面临较好的市场机遇时，可以通过付出努力来拓展市场，增加市场需求，根据泰勒（Taylor，2002）的相关理论可知，新的市场需求可以表示为 $D = \xi + \beta e$，其中 $e(e>0)$ 为零售商付出的努力水平，$\beta(\beta>0)$ 则表示每单位努力水平能带来的需求增加量，可视为企业的成长因子，β 的值越大则表示企业的成长性越好。令 $V(e)$ 表示努力的成本函数，具有单调递增的性质，符合边际成本递增规律，且 $V(0)=0$。不失一般性，本章假设 $V(e) = 0.5se^2$，其中 $s>0$，表示努力的成本系数。对属于成长型企业的零售商而言，资金瓶颈是制约其发展的主要因素，零售商自身资金匮乏，无力承担市场开拓成本，为获取跨越式发展的助力，把握市场机遇，零售商以增资扩股的方式引入私募股权投资机构（PE）进行投资。上述过程如图 3.1 所示。

企业股权融资时的估值方法有许多种，考虑到净资产的账面数据容易获取且不易被操纵，本章假定 PE 以市净率法对零售企业进行估值。此外，我们假设零售企业融资时尚未 IPO，无法从公开资本市场上获取资金，且融资后企业的生产运营仍由企业原股东即零售商做决策，追求自身所占资产最大化。

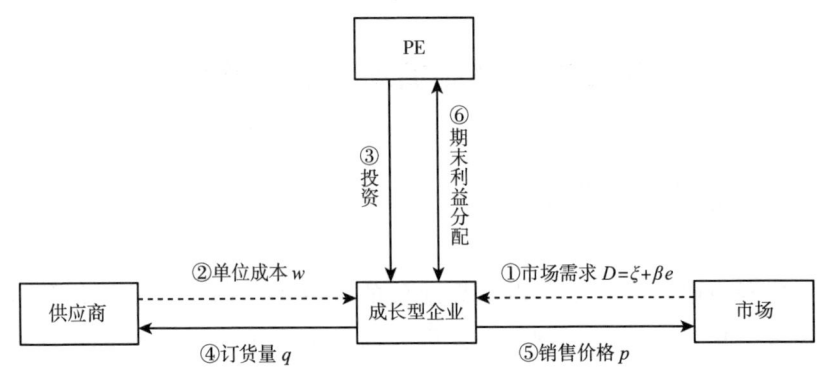

图 3.1　股权融资及供应链运作流程

通过融资拓展市场之后产品的销售价格不变,且不考虑融资成本与税收。在不改变模型本义的情况下,本章特做如下假设,以便于模型的计算与分析:

(1) 期末未销售的产品残值为 0,且零售商不会因缺货遭受损失。

(2) 零售商采用京东的"赊销模式",自有资金足以满足订货所需,但不用于市场开拓,市场开拓所需资金完全来自股权融资,且假设融资资金全部用于市场开拓,即融资额 $B=0.5se^2$。

本章其他参数设定见表 3.1。

表 3.1　参数说明

符号	说明
A	零售商融资前的固定资产
η	零售商融资前自有资金
α	PE 对零售商的估值倍数
Γ	所有均值为 μ 的非负分布的累积分布函数集合

二、基准模型

本章考虑到零售商在不进行市场开拓正常经营时订货策略的制定,在市场需求信息不确定且严重缺失的情况下,常用的两种方法是极大极小准则(Scarf,1958)和极小极大后悔准则(Roels,2006)。由于前者往往过于保守,甚至在某些条件下会出现完全不订货的情况,故本章采用极小极大后悔准则来进行最优订货量的决策。以罗伊斯(Roels,2006)一文中的极小极大后悔订货模型为基准模型,考虑如图3.2中所示系统。

图3.2 基准模型流程

在这样一个缺货惩罚为0且商品没有残值的报童模型中,市场需求ξ只有均值μ是已知的,单位商品的批发价和销售价格分别为w、p。零售商采取极小极大后悔准则来制定订货决策。"后悔"被定义为零售商在完全信息下所能获取的额外效用,即:$\max_{y \geq 0} E_F[\pi_{nv}(y)] - E_F[\pi_{nv}(q)]$,这相当于是信息不完全所造成的损失。$E_F[\cdot]$表示在累计分布函数$F$下的期望值,那么极大后悔可表示为:

$$\rho(q) = \max_{F \in \Gamma} \{\max_{y \geq 0} E_F[\pi_{nv}(y)] - E_F[\pi_{nv}(q)]\}$$

其中,Γ是所有满足均值为μ的非负需求分布的集合,此处假定Γ为凸集。极大后悔可看作零售商为了获取完整需求分布信息而需要付出的最高代价,那么求零售商的最优订货问题就转变为求一个订货量使极大后悔值最小的问题,被称为极小极大后悔问题:

$$\rho^* = \min_{q \geq 0} \rho(q) = \min_{q \geq 0} \max_{F \in \Gamma} \{\max_{y \geq 0} E_F[\pi_{nv}(y)] - E_F[\pi_{nv}(q)]\}$$

式中ρ^*为极小极大后悔值。在只有均值信息的情况下,罗伊斯(2006)给出了如下关于极小极大后悔订货量的定理。

引理3.1(Roels,2006)如果需求分布非负且均值为μ,那么极小极大后悔订货量为:

$$q^* = \begin{cases} (1-w/p)\mu, & 1/2 \leq w/p \\ \dfrac{p\mu}{4w}, & 1/2 > w/p \end{cases}$$

极小极大后悔为:

$$\rho^* = \begin{cases} (1-w/p)w\mu, & 1/2 \leqslant w/p \\ \dfrac{p\mu}{4}, & 1/2 > w/p \end{cases}$$

从上述引理可以看出，相对于传统的鲁棒报童订货模型，极小极大后悔订货决策不会过于保守。极小极大后悔订货准则是一种可以平衡低需求情况订货过多的损失与高需求情况订货过少的机会成本的策略，在此准则下零售商始终会保持一定的订货水平。

若供应商与零售商进行以供应商为主导的斯塔克伯格博弈，那么供应商的决策目标为：

$$\max_{w \geqslant 0}(w-c)q$$

根据零售商的订货决策，很容易求出供应商的最优批发价为：$w^* = \dfrac{p+c}{2}$。零售商在此批发价格下的最优订货量为：$q^* = \dfrac{\left(1-\dfrac{c}{p}\right)\mu}{2}$。

第三节 成长型企业股权融资下的供应链决策

成长型的零售商在一定时期内具有持续挖掘未利用资源的能力，可以通过付出努力来拓展市场，增加市场需求，基于前面的假设，新的市场需求表示为 $D = \xi + \beta e$。显然，零售商决策的订货量 $q \geqslant \beta e$。由于零售商自身的资金瓶颈使其无力维持市场开拓成本，为了挖掘企业潜力，把握机遇使企业快速成长，零售商引入私募股权投资机构进行投资。在股权融资之后，由市净率估值法可得零售商在企业中的持股比例为：$\theta = \dfrac{\alpha(A+\eta)}{\alpha(A+\eta)+B}$。

根据假设 $B = 1/2se^2$，可知 $e = \sqrt{2B/s}$，故零售企业在销售期期末的净利润可表示为：

$$\pi_R(q) = p\min\{q, \xi + \beta\sqrt{2B/s}\} - wq - B$$

股权融资后零售商与 PE 按各自的持股比例共同享有零售企业股份，故零售商的总资产为：

$$TA_R = \theta(A + \eta + B + p\min\{q, \xi + \beta\sqrt{2B/s}\} - wq - B)$$

一、成长型企业的订货决策

假设零售商只知道需求的均值 μ，需要制定最优订货量来使信息缺失情况下的最大后悔值最小，即考虑如下极小极大后悔问题：

$$(\text{MRP})\rho^* = \min_{q \geq 0}\rho(q) = \min_{q \geq 0}\max_{F \in \Gamma}\{\max_{y \geq 0} E_F[TA_R(y)] - E_F[TA_R(q)]\} \quad (3.1)$$

供应商的优化目标为：

$$\max_w \pi_s(w) = \max_w (w - c)q \quad (3.2)$$

其中，Γ 是一个凸集，且：

$$E_F[TA_R(y)] = \int_0^{+\infty}[\theta(A + \eta + B + p\min\{y, x + \beta\sqrt{2B/s}\} - wy - B)]dF(x)$$

$$E_F[TA_R(q)] = \int_0^{+\infty}[\theta(A + \eta + B + p\min\{q, x + \beta\sqrt{2B/s}\} - wq - B)]dF(x)$$

根据普瑞克斯和罗伊斯（2008）的相关理论可知，式（3.1）[即问题（MRP）] 中极大化的顺序可进行如下调换：

$$(\text{MRPt})\rho^* = \min_{q \geq 0}\rho(q) = \min_{q \geq 0}\max_{y \geq 0}\{\max_{F \in \Gamma} E_F[TA_R(y)] - E_F[TA_R(q)]\}$$

$$= \min_{q \geq 0}\max_{y \geq 0}\left\{\theta p \max_{F \in \Gamma}\int_0^{+\infty}(\min\{y, x + \beta\sqrt{2B/s}\}\right.$$

$$\left. - \min\{q, x + \beta\sqrt{2B/s}\})dF(x)\right\}$$

$$+ \theta w(q - y) \quad (3.3)$$

记 $G(y; q) = \max_{F \in \Gamma}\{E_F[TA_R(y)] - E_F[TA_R(q)]\}$，关于函数 $G(y; q)$ 以及式（3.1）最优解的性质，有如下命题。

命题 3.1 (a) 函数 $G(y; q)$ 在区间 $y \in [0, q]$ 以及区间 $y \in [q, +\infty)$ 上是

凹函数。

（b）函数 $\rho(q)$ 是凸函数，且 $q^* = \arg\min \rho(q)$ 满足：

$$\max_{y \in [0,q^*]} G(y;q^*) = \max_{y \in [q^*,+\infty)} G(y;q^*)$$

证明：（a）令 $g(x,y;q) = \min\{y, x+\beta\sqrt{2B/s}\} - \min\{q, x+\beta\sqrt{2B/s}\}$，可以证明，$g(x,y;q)$ 在 $\{(x,y) \mid x+\beta\sqrt{2B/s} \geq q, y \geq q\}$ 上是凹函数。事实上，根据凹函数的定义，$\forall (x_1,y_1), (x_2,y_2) \in \{(x,y) \mid x+\beta\sqrt{2B/s} \geq q, y \geq q\}$，以及 $\forall \lambda_1, \lambda_2 \in (0,1)$ 且 $\lambda_1 + \lambda_2 = 1$，若 $\lambda_1 g(x_1,y_1;q) + \lambda_2 g(x_2,y_2;q) \leq g(\lambda_1 x_1 + \lambda_2 x_2, \lambda_1 y_1 + \lambda_2 y_2; q)$ 成立，则 $g(x,y;q)$ 为凹函数。而：

$\lambda_1 g(x_1,y_1;q) + \lambda_2 g(x_2,y_2;q)$

$= \min\{\lambda_1 y_1, \lambda_1 x_1 + \lambda_1 \beta\sqrt{2B/s}\} + \min\{\lambda_2 y_2, \lambda_2 x_2 + \lambda_2 \beta\sqrt{2B/s}\} - (\lambda_1 + \lambda_2) q$

$\leq \min\{\lambda_1 y_1 + \lambda_2 y_2, \lambda_1 x_1 + \lambda_2 x_2 + \beta\sqrt{2B/s}\} - \min\{q, \lambda_1 x_1 + \lambda_2 x_2 + \beta\sqrt{2B/s}\}$

$= g(\lambda_1 x_1 + \lambda_2 x_2, \lambda_1 y_1 + \lambda_2 y_2; q)$，

故 $g(x,y;q)$ 在 $\{(x,y) \mid x+\beta\sqrt{2B/s} \geq q, y \geq q\}$ 上是凹函数。由于凹性在非负加权积分下仍然可保持，所以 $\int_{x+\beta\sqrt{2B/s} \geq q} g(x,y;q) dF(x)$ 关于 y 在区间 $y \geq q$ 上是凹函数。又因为在 $y \geq q$ 的前提下，当 $x+\beta\sqrt{2B/s} \leq q$ 时有 $g(x,y;q) = 0$，所以 $\int_0^{+\infty} g(x,y;q) dF(x)$ 在区间 $y \geq q$ 上是凹函数，进而 $\theta\left[p\int_0^{+\infty} g(x,y;q) dF(x) + w(q-y)\right]$ 在区间 $y \geq q$ 上也是凹函数。又因为在凸集上最大化可以保持凹性，所以 $G(y;q)$ 在区间 $y \in [q,+\infty)$ 上是凹函数。类似地，可以证明 $G(y;q)$ 在区间 $y \in [0,q]$ 上是凹函数。

（b）先证明 $E_F[TA_R(q)] = \int_0^{+\infty} [\theta(A + \eta + B + p\min\{q, x+\beta\sqrt{2B/s}\} - wq - B)] dF(x)$ 是关于 q 的凹函数。易证 $E_F[TA_R(q)]$ 的二阶导数小于零，所以 $E_F[TA_R(q)]$ 是凹函数。相应地，$E_F[TA_R(y)] - E_F[TA_R(q)]$ 就是关于 q 的凸函数。定义 $G^-(q) = \max_{z \in [0,q]} G(y;q)$，$G^+(q) = \max_{z \in [q,+\infty)} G(y;q)$，再根据凸集上最大化可以保持凹性，有 $G(y;q)$ 乃至 $G^-(q)$，$G^+(q)$ 也是凸函数。而 $\rho(y)$ 为

两个凸函数取最大，同样也是凸的。根据定义可知，$G^-(q)$ 为非减凸函数，且 $\lim_{q\to 0} G^-(q)=0$；$G^+(q)$ 为非增凸函数，且 $\lim_{q\to +\infty} G^+(q)=0$，因此 $G^-(q)$ 与 $G^+(q)$ 必有交点，且该交点就是 $\rho(y)$ 的最小值点，故对 $q^*=\arg\min \rho(q)$ 有 $G^-(q^*)=G^+(q^*)$。

在命题 3.1 中，(a) 部分表示在考虑式（3.3）关于 y 求极大后悔值时要分 $y\leqslant q$ 与 $y>q$ 两种情况，无法直接通过求凹函数极值点求出极大后悔值。而（b）部分的意义是：最优订货量应保证订货过少的后悔值与订货过多的后悔值相等，这种性质可以帮助我们对式（3.3）进行求解。

根据已知的均值信息，式（3.3）内层关于分布函数极大化后悔值的问题可以重新定义为如下形式：

$$(\text{ORP}) \max_{F\in\Gamma} \int_0^{+\infty} (\min\{y, x+\beta\sqrt{2B/s}\} - \min\{q, x+\beta\sqrt{2B/s}\}) dF(x)$$

$$s.t. \begin{cases} \int_0^{+\infty} dF(x) = 1; \\ \int_0^{+\infty} x dF(x) = \mu; \\ dF(x) \geqslant 0. \end{cases} \quad (3.4)$$

式（3.3）的求解需要借助对偶过程，要考虑其内层优化式（3.4）的如下对偶形式：

$$(\text{DRP}) \min_{\alpha_0,\alpha_1} \alpha_0 + \mu\alpha_1$$

$$s.t.\ \alpha_0 + x\alpha_1 \geqslant \min\{y, x+\beta\sqrt{2B/s}\} - \min\{q, x+\beta\sqrt{2B/s}\}, \forall x\geqslant 0 \quad (3.5)$$

显然，式（3.4）与式（3.5）之间的弱对偶始终成立，即原问题任意可行解所对应的函数值是对偶问题最优目标函数值的下界。令 $\gamma=(\gamma_0,\gamma_1)=(1,\mu)$，定义：

$$\Upsilon = \left\{\gamma \mid \gamma_i = \int_{R^+} x^i dF(x), F\in\Gamma, i=0,1\right\} \quad (3.6)$$

为了得到强对偶性，我们假设如下的 Slater 约束品性成立。

命题 3.2（Popescu，2005；Zuluaga and Peña，2005） 如果 γ 是可行矩集合的内点，即 $\gamma \in \text{int}(\Upsilon)$，则式（3.4）与式（3.5）的最优目标函数值相等。

借助 Slater 约束品性的假设，强对偶性成立，那么对于式（3.4）的求解可转化为对式（3.5）进行求解。下面可借助强对偶性的性质，假定 F^* 为使式（3.4）取得最大值的分布，根据强对偶性，我们得到如下互补松弛条件：

$$\int_0^{+\infty} [\alpha_0 + x\alpha_1 - (\min\{y, x + \beta\sqrt{2B/s}\} - \min\{q, x + \beta\sqrt{2B/s}\})] dF^*(x) = 0$$

故式（3.4）有非零解（也即需求有非零分布）的充要条件是：

$$\alpha_0 + x\alpha_1 = \min\{y, x + \beta\sqrt{2B/s}\} - \min\{q, x + \beta\sqrt{2B/s}\} \tag{3.7}$$

在此基础上，我们可以给出零售商在极小极大后悔策略下的最优订货量。

定理 3.1 若需求分布非负且只有均值 μ 已知，式（3.3）的极小极大后悔订货量为：

$$q^* = \begin{cases} \beta\sqrt{2B/s} + (1 - w/p)\mu, & 1/2 \leq w/p \\ \beta\sqrt{2B/s} + \dfrac{p\mu}{4w}, & 1/2 > w/p \end{cases} \tag{3.8}$$

极小极大后悔值为：

$$\rho^* = \begin{cases} \theta \dfrac{w(p-w)}{p}\mu, & 1/2 \leq w/p \\ \theta \dfrac{p\mu}{4}, & 1/2 > w/p \end{cases}$$

证明：记 $h(x) = \min\{y, x + \beta\sqrt{2B/s}\} - \min\{q, x + \beta\sqrt{2B/s}\}$，注意 $\beta\sqrt{2B/s} \leq y, q$ 始终成立，结合式（3.5）的可行性约束，我们分如下两种情况对式（3.3）进行求解。

情况 1 $y \geq q$，此时有：

$$h(x) = \begin{cases} 0, & x + \beta\sqrt{2B/s} \leq q \\ x + \beta\sqrt{2B/s} - q, & q < x + \beta\sqrt{2B/s} \leq y \\ y - q, & y < x + \beta\sqrt{2B/s} \end{cases}$$

根据式（3.5）的可行性约束以及式（3.7），使得式（3.4）最大分布的概率密度集中在 $\alpha_0 + x\alpha_1$ 与 $h(x)$ 的公共点，如图 3.3 所示。

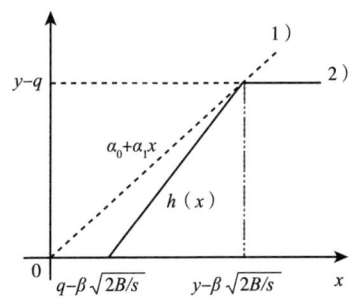

图 3.3 当 $y \geqslant q$ 时 $\alpha_0 + x\alpha_1$ 与 $h(x)$ 可能的相交情况

当 $\alpha_0 + x\alpha_1$ 与 $h(x)$ 只有两个交点时，两个交点的坐标分别为 $(0, 0)$，$(y - \beta\sqrt{2B/s}, y - q)$，根据交点信息，易求出 $\alpha_0 = 0$，$\alpha_1 = \dfrac{y - q}{y - \beta\sqrt{2B/s}}$。因此根据强对偶原理可知，式（3.4）此时在最差分布下的期望利润函数为式（3.5）的最优值：$\mu\alpha_1 = \dfrac{y - q}{y - \beta\sqrt{2B/s}}\mu$。注意到市场需求的均值为 μ，而此时式（3.4）的概率分布是最大值为 $y - \beta\sqrt{2B/s}$ 的两点分布，故此时有限制条件：$\mu \leqslant y - \beta\sqrt{2B/s}$。

当 $\alpha_0 + x\alpha_1$ 为水平射线时，有 $\alpha_0 = y - q$，$\alpha_1 = 0$。根据强对偶原理，式（3.4）此时在最差分布下的期望利润函数为 $\alpha_0 = y - q$。同样考虑到此时式（3.4）的概率分布的最小值为 $y - \beta\sqrt{2B/s}$，所以此时的有限制条件为：$\mu \geqslant y - \beta\sqrt{2B/s}$。

综上所述，当 $y \geqslant q$ 时，零售商在最差分布下的后悔为：

$$G(y;q) = \begin{cases} \theta(p - w)(y - q), & y \leqslant \mu + \beta\sqrt{2B/s} \\ \theta\left(\dfrac{p\mu}{y - \beta\sqrt{2B/s}} - w\right)(y - q), & \mu + \beta\sqrt{2B/s} \leqslant y \end{cases} \quad (3.9)$$

且函数 $G(y;q)$ 是连续函数。

下面我们考虑 $\max\limits_{y\geq q}G(y;q)$。当 $y\leq\mu+\beta\sqrt{2B/s}$ 时，$G(y;q)$ 为单调递增的线性函数，其最大值在右边界 $y=\mu+\beta\sqrt{2B/s}$ 处取得；当 $y>\mu+\beta\sqrt{2B/s}$ 时，易证 $G(y;q)$ 为凹函数，令 $\dfrac{dG(y;q)}{dy}=0$，即可得到最大值在 $y^*=\sqrt{\dfrac{\mu p}{w}}(q-\beta\sqrt{2B/s})+\beta\sqrt{2B/s}$ 处取得，但是该点不一定在区间 $[\mu+\beta\sqrt{2B/s},+\infty)$ 内。当 $q>\beta\sqrt{2B/s}+w\mu/p$ 时，$y^*\in[\mu+\beta\sqrt{2B/s},+\infty)$，根据 $G(y;q)$ 的连续性可知，$G(y;q)$ 在 $y\geq q$ 时的最大值在 $y^*=\sqrt{\dfrac{\mu p}{w}}(q-\beta\sqrt{2B/s})+\beta\sqrt{2B/s}$ 处取得，为：

$$\max_{y\geq q}G(y;q)=\theta\left(\sqrt{p\mu}-\sqrt{w(q-\beta\sqrt{2B/s})}\right)^2$$

当 $q\leq\beta\sqrt{2B/s}+w\mu/p$ 时，$y^*\notin[\mu+\beta\sqrt{2B/s},+\infty)$，极值点在凹函数的左边，故 $y>\mu+\beta\sqrt{2B/s}$ 时 $G(y;q)$ 的最大值在左边界上取得，为：

$$\max_{y\geq q}G(y;q)=\theta(p-w)(\mu+\beta\sqrt{2B/s}-q)$$

综上所述，当 $y\geq q$，即订货量过少时，零售商的最大后悔为：

$$\rho(q)=\begin{cases}\theta(p-w)(\mu+\beta\sqrt{2B/s}-q),&q\leq\beta\sqrt{2B/s}+w\mu/p\\\theta\left(\sqrt{p\mu}-\sqrt{w(q-\beta\sqrt{2B/s})}\right)^2,&q>\beta\sqrt{2B/s}+w\mu/p\end{cases}\quad(3.10)$$

情况 2 $y<q$，此时有：

$$h(x)=\begin{cases}0,&x+\beta\sqrt{2B/s}\leq y\\y-x-\beta\sqrt{2B/s},&y<x+\beta\sqrt{2B/s}\leq q\\y-q,&q<x+\beta\sqrt{2B/s}\end{cases}$$

根据式（3.5）的可行性约束以及互补松弛条件式（3.7），使得式（3.4）最大的分布概率密度集中在 $\alpha_0+x\alpha_1$ 与 $h(x)$ 的公共点，如图 3.4 所示。

由图 3.4 可知，满足条件的函数 $\alpha_0+x\alpha_1$ 只有一种可能：$\alpha_0=\alpha_1=0$。故当 $y\leq q$ 时，零售商在最差分布下的后悔为：$G(y;q)=-\theta w(y-q)$。显然，

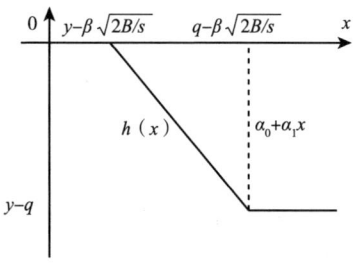

图 3.4 当 $y \leq q$ 时 $\alpha_0 + x\alpha_1$ 与 $h(x)$ 可能的相交情况

$G(y;q)$ 的最大值在 y 的最小值 $y = \beta\sqrt{2B/s}$ 处取得。因此，当 $y \leq q$，即订货量过多时，零售商的最大后悔为：

$$\rho(q) = \max_{y \leq q} G(y;q) = \theta w(q - \beta\sqrt{2B/s}) \tag{3.11}$$

根据命题 3.1 可知，最优订货量 q^* 是平衡订货过少和订货过多情况下的机会成本的订货量，当 $q \leq \beta\sqrt{2B/s} + w\mu/p$ 时，

$$\rho^* = \min_{q \geq 0}\max\{\theta w(q - \beta\sqrt{2B/s}), \theta(p-w)(\mu + \beta\sqrt{2B/s} - q)\}$$

故最优订货量满足 $\theta w(q^* - \beta\sqrt{2B/s}) = \theta(p-w)(\mu + \beta\sqrt{2B/s} - q^*)$，即 $q^* = \beta\sqrt{2B/s} + (1-w/p)\mu$，对应的极小极大后悔值为 $\rho^* = \theta w(p-w)/p\mu$。条件 $q \leq \beta\sqrt{2B/s} + w\mu/p$ 变为：$1/2 \leq w/p$。

当 $q \geq \beta\sqrt{2B/s} + w\mu/p$ 时，

$$\rho^* = \min_{q \geq 0}\max\{\theta w(q - \beta\sqrt{2B/s}), \theta(\sqrt{p\mu} - \sqrt{w(q - \beta\sqrt{2B/s})})^2\}$$

最优订货量满足 $\theta w(q^* - \beta\sqrt{2B/s}) = \theta(\sqrt{p\mu} - \sqrt{w(q^* - \beta\sqrt{2B/s})})^2$，即 $q^* = \beta\sqrt{2B/s} + 0.25 p\mu/w$，极小极大后悔值为 $\rho^* = \theta p\mu/4$。条件 $q \geq \beta\sqrt{2B/s} + w\mu/p$ 变为：$1/2 \geq w/p$。

综上所述，零售商的最优订货决策为：

$$q^* = \begin{cases} \beta\sqrt{2B/s} + (1-w/p)\mu, & 1/2 \leq w/p \\ \beta\sqrt{2B/s} + 0.25 p\mu/w, & 1/2 > w/p \end{cases}$$

极小极大后悔值为：

$$\rho^* = \begin{cases} \theta w \mu (p-w)/p, & 1/2 \leq w/p \\ \theta p \mu /4, & 1/2 > w/p \end{cases}$$

定理得证。

因普瑞克斯和罗伊斯（2008）的理论可知，由于零售商在股权融资之后有能力进行市场开拓来增加需求，所以总体订货水平上升。有意思的是订货水平增加量在形式上等于市场开拓所增加的需求量，当然，具体的订货量还受到供应商批发价的影响，需要进一步的分析。

二、两类契约下的供应链决策

在当今的供应链体系中，大型零售商凭借其资金、信息、渠道等优势，逐渐掌握了供应链运营与管理的主导权，成为整个供应链网络的协调中心。特别地，当零售商能够获取股权融资给整个供应链带来经济增益时，其供应链地位会得到显著的提升。本节进一步考虑供应商参与博弈，拟通过比较契约锁定与非锁定两类情况下供应链的运营状况，研究股权融资改变供应链格局时不同契约结构对供应链股权融资行为的影响。为此，我们考虑如下两种策略：

策略1：契约未锁定，仍使用原批发价契约。即零售商股权融资后按照传统批发价契约与供应商进行斯塔克伯格博弈，供应商先制定批发价，零售商根据供应商的批发价选择其最优订货量。

策略2：契约锁定，即锁定批发价。零售商在供应链地位增强的情况下，与供应商签订批发价锁定协议，约定零售商在利用资金进行市场开拓时，供应商的批发价格保持不变。

首先考察策略1，根据定理3.1给出的极小极大后悔订货量，我们可以得到供应商的利润函数，并对其性质进行讨论。

命题3.3 供应商的利润函数为：

$$\pi_s(w) = \begin{cases} (w-c)\left[\beta \sqrt{2B/s} + (1-w/p)\mu\right], & 1/2 \leq w/p \\ (w-c)\left[\beta \sqrt{2B/s} + \dfrac{p\mu}{4w}\right], & 1/2 > w/p \end{cases} \quad (3.12)$$

并且批发价 w 是连续可微的。

证明：将零售商的最优订货量代入供应商的利润函数即可得到式（3.12），我们主要证明该式的连续可微性。

连续性：只需证明 q^* 关于 w 是连续的即可。事实上，当 $w/p=1/2$ 时，

$$\beta\sqrt{2B/s}+(1-w/p)\mu=\beta\sqrt{2B/s}+\frac{\mu}{2}=\beta\sqrt{2B/s}+\frac{p\mu}{4w}$$

故 q^* 关于 w 连续，进而 $\pi_s(w)$ 关于 w 连续。

可微性：当 $1/2\leqslant w/p$ 时，$\dfrac{d\pi_s(w)}{dw}=\beta\sqrt{2B/s}+(1-w/p)\mu-(w-c)\dfrac{\mu}{p}$；当 $1/2>w/p$ 时，$\dfrac{d\pi_s(w)}{dw}=\beta\sqrt{2B/s}+\dfrac{p\mu}{4w}-(w-c)\dfrac{p\mu}{4w^2}$。显然，当 $w/p=1/2$ 时，$\dfrac{\mu}{p}=\dfrac{p\mu}{4w^2}$，根据前面关于连续性的证明即可得知 $\dfrac{d\pi_s(w)}{dw}$ 关于 w 也是连续的，故 $\pi_s(w)$ 连续可微。

由供应商利润函数的性质不难求出供应商的最优批发价，并给出零售商在相应价格下的订货量，表述如下。

定理 3.2 在零售商股权融资并进行以供应商为主导的斯塔克伯格博弈时，供应商的最优批发价为：

$$w^*=\frac{c}{2}+\frac{p(\mu+\beta\sqrt{2B/s})}{2\mu}$$

零售商在此批发价下的最优订货量为：

$$q_1^*=\beta\sqrt{B/2s}+\left(1-\frac{c}{p}\right)\frac{\mu}{2}$$

证明：命题 3.3 已经证明了供应商利润函数 $\pi_s(w)$ 的连续可微性，当 $1/2>w/p$ 时，$\dfrac{d\pi_s(w)}{dw}=\beta\sqrt{2B/s}+c\dfrac{p\mu}{4w^2}>0$，严格单调递增，故最大值必定在 $1/2\leqslant w/p$ 的分段上取得。对此时的利润函数求二阶导数，有 $\dfrac{d^2\pi_s(w)}{dw^2}=$

$-\frac{2\mu}{p}<0$，故 $\pi_s(w)$ 在此段是凹函数，最大值在一阶导数为 0 时的点取得，即 $w^*=\frac{c}{2}+\frac{p(\mu+\beta\sqrt{2B/s})}{2\mu}$，该点满足 $1/2\leqslant w/p$。根据 $\pi_s(w)$ 的连续可微性，$w^*=\frac{c}{2}+\frac{p(\mu+\beta\sqrt{2B/s})}{2\mu}$ 是全局最优解。

由于 $w^*=\frac{c}{2}+\frac{p(\mu+\beta\sqrt{2B/s})}{2\mu}>\frac{p}{2}$，因此零售商此时的最优订货量为 $q^*=\beta\sqrt{B/2s}+\left(1-\frac{c}{p}\right)\frac{\mu}{2}$。

观察定理 3.2 可以发现，零售商的融资额以及零售企业的成长性越高，供应商的批发价也越高。这说明供应商可以从零售商的股权融资行为中获利，因此供应商十分乐意看到零售商进行股权融资，尤其是成长性好的下游企业，其股权融资行为会给供应商带来极大的利益。

现在我们考察策略 2，假定获取了股权融资的零售商与供应商签订契约锁定协议，即约定在零售商股权融资之后，供应商的批发价锁定在原来的价位，并不会随着零售商订货量的改变而改变。因此，在策略 2 下供应商和零售商的最优决策如下。

定理 3.3 在契约锁定协议之下，供应商的批发价锁定为未进行市场开拓时的 $w^*=\frac{p+c}{2}$，零售商的订货量为：

$$q_2^*=\beta\sqrt{2B/s}+\left(1-\frac{c}{p}\right)\frac{\mu}{2}$$

与策略 1 相比，策略 2 的批发价固定在股权融资之前的价位，相对较低，这导致零售商的订货量也比策略 1 下的订货量更高。零售商充分享受了股权融资所带来的好处，同时订货量的增加保证了供应商也是融资的直接受益者。

第四节 契约结构的仿真对比分析

上述模型给出了两种契约结构下成长型企业和其供应商的最优决策，本节拟通过对这两类契约结构利润表现的数值仿真对比来考察股权融资与供应链契约结构之间的相互关系。不失一般性，我们以安德森等（Andersson et al., 2013）采取的方式来随机生成市场需求的均值。

从区间[0，1000]内随机生成 n 个点即 d_1，d_2，…，d_n 作为市场需求可能的 n 个取值，然后从区间[0，1]内随机取出 n 个值 s_1，s_2，…，s_n，并通过下述公式进行归一化处理：

$$\rho_i = \frac{s_i}{\sum_{i=1}^{n} s_i} \quad (3.13)$$

这样我们得到一个取值为 d_1，d_2，…，d_n，概率为 ρ_1，ρ_2，…，ρ_n 的离散随机分布，令 $\mu = \sum_{i=1}^{n} d_i \rho_i$ 即可获得市场需求的均值。根据安德森等（2013）的研究可知，n 取值过大之后容易得到一个均匀分布，而取值过小则导致分布过于特殊，故我们一般取 $n=10$。

为便于比较，仿真所有数据单位统一取"1"，其他仿真参数设置见表3.2。

表3.2　　　　　　　　　　仿真基本参数

p	c	s	β	B
30	10	1	5	2000

融资额是股权融资中的一个重要影响因素，融资额的高低不但影响着企业的控制权，更是直接关系着助推企业发展力度的大小。我们先分析融资额对供应链成员以及供应链利润的影响。假定有两条供应链，供应链1采取策略1进行运营，而供应链2采取策略2，那么不同融资额下供应商、零售商以及供应链的利润变化情况如图3.5所示。

从图3.5中我们可以发现，供应链结构对股权融资有着重要影响。当零售商与供应商之间的契约未锁定时，由于在股权融资后供应商会大幅度提升批发价，导致零售商的利润反而随着融资额的增加而降低，供应商的利润则随着融资额的增加而大幅度增加，故此时零售商并没有动力进行股权融资。而在契约锁定协议下，零售商有足够的动力进行股权融资。此时零售商的融

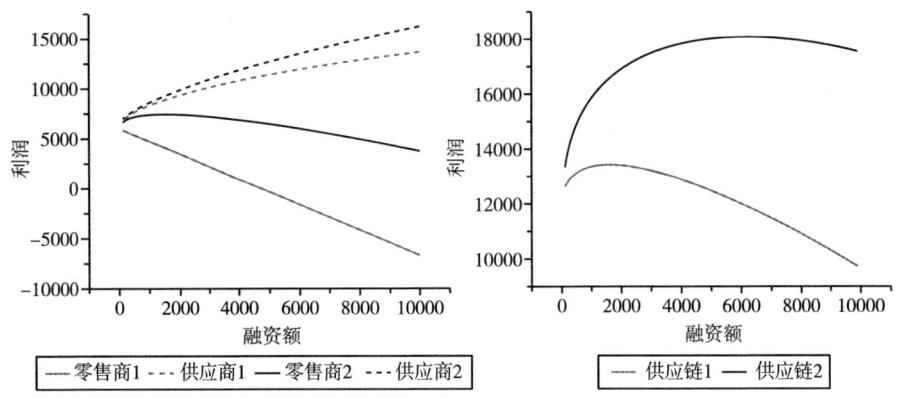

图 3.5　不同融资额下供应链利润的对比

资行为不但可以保证在扩展市场的同时增加自身利益，还能够增加整个供应链的利润。这意味着契约锁定协议可以提升供应链的效益，同时也能提升零售商的融资意愿，激励零售商进行股权融资，促进多方共赢。另外，我们也应该注意到，融资额并不是越高越好，过高的融资额不但会给零售商带来负面效应，同时也会给供应链带来负担，降低效益，所以零售商应当根据自身的实际情况理性融资，合理扩张。

零售企业的成长性一方面是股权融资问题的核心，是投融资双方的合作基础。另一方面，成长性最终又表现为企业的产品与服务对消费者的满足程度，是一个价值创造与供需匹配的过程。因此，下面我们考察零售企业的成长性对零售商以及供应商的利润有何影响，令 β 在 [1，10] 取值，其他参数设置同表 3.2，仿真结果如图 3.6 所示。

观察图 3.6 我们可以发现，供应商过于强势的供应链地位以及批发价契约不利于零售商的成长。在策略 1 下，零售商的利润随其成长性的提高反而降低，这最终会表现为零售商"赢得了市场，却失去了利润"，难以保证企业的持续发展。这说明在契约未锁定情况下，供应商以其强势地位会过分攫取零售商的利益，使得原本应为零售企业捕获发展机会的成长性反而变为企业的负担，阻碍了零售企业的发展。而通过契约锁定协议，零售商和供应商不但能够盈利，而且供应链总利润也高于策略 1 的总利润。此时成长性好的企

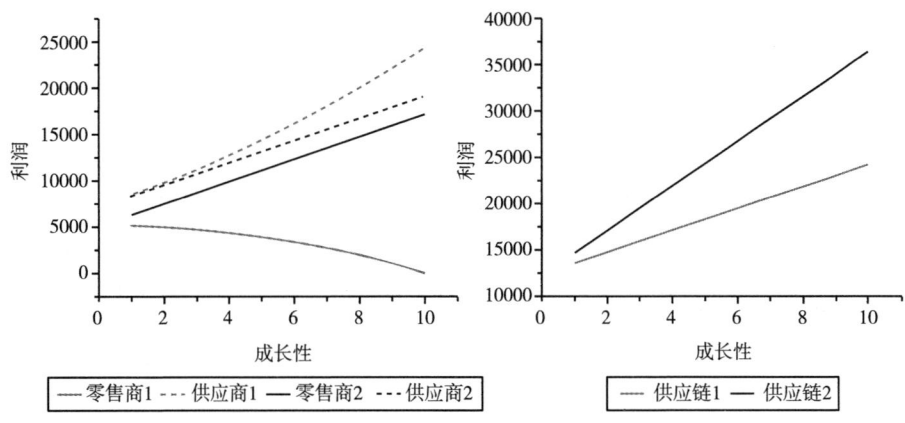

图 3.6 不同成长性下供应链利润的对比

业能充分发挥自身优势,捕获成长机会,给供应链成员带来发展机遇,实现多方共赢。

上述仿真结果表明,以供应商为主导的传统契约结构极大地降低了零售商的股权融资意愿,尤其是成长性好的企业。而通过契约锁定协议,可以提升零售商的融资意愿,使得企业在发展自身的同时也能为上游供应商带来发展机会,提升整个供应链的效益,而金融投资机构也可以从供应链企业的成长中不断获利。这是一个多方共赢的局面。

此外,供应商的成本会直接影响批发价,与零售价共同决定了整条供应链的利润空间。因此我们还考察了供应商的成本对供应链成员乃至供应链利润的影响。令 c 在 $(0, p)$ 之间变化,两种策略下供应商、零售商以及供应链的利润变化情况如图 3.7 所示。

显然,供应商成本增加对供应链成员以及整个供应链都是不利的。在相同的成本下,采用契约锁定协议的零售商的利润会大幅度提升,且整个供应链的效益也比契约未锁定策略下的效益高。这充分说明供应商的强势地位不仅会严重损害下游零售商的利益,同时对整个供应链也是不利的,批发价契约会抑制供应链的发展。零售商在进行股权融资时,应与供应商签订契约锁定协议,在可以保障自身利益的同时,也能使整个供应链的效益得到提升。

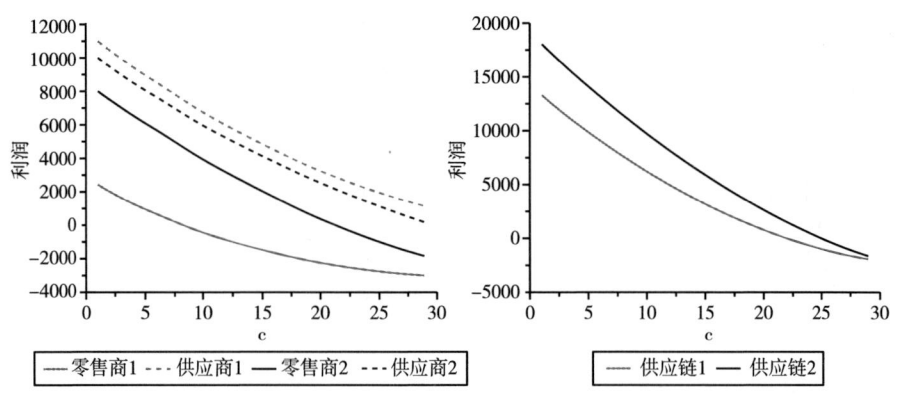

图 3.7 不同成本下供应链利润的对比

第五节 本章小结

本章研究了股权融资与供应链契约结构之间的相互关系,为此考察了不同契约结构下成长型企业进行股权融资时的供应链运作问题,通过比较契约锁定与非锁定两类情况下供应链的运营状况,揭示了股权融资与供应链契约结构的内在联系,主要研究结论有:

首先,供应商主导的契约结构严重抑制了企业的股权融资意愿。在供应商主导的批发价契约下,成长型企业的利润随着融资额的增加而降低,不融资反而成为企业的最优选择。另外在这种契约结构下,成长性越好的企业,其利润越低。表明这种契约结构会极大地打击成长型企业股权融资的积极性,降低融资意愿,并且企业的成长性越高,其融资意愿越低。这会严重阻碍资本市场的运作,不利于供应链企业的成长。

其次,适当地增强成长型企业的地位有利于提升其融资意愿。当企业地位提升且与其供应商签订契约锁定协议之后,选择适当的融资额可以提升企业的利润,并且成长性越高的企业,在融资之后利润的提升幅度越大。这种契约结构会极大地提升成长型企业的股权融资意愿,同时吸引成长性良好的企业引入股权融资,能充分体现资本在企业成长中的助推作用,有利于促进金融与实体经济的深层次结合与发展。

最后，契约锁定协议能给企业以及供应链带来更高的经济效益。我们通过对比契约锁定与非锁定两种情况，发现在契约锁定的情况下，成长型企业会获得更高的利润，而供应链整体的效益也会得到大幅度提升。同时，契约锁定协议能有效抵抗供应链成本风险。无论融资企业选择哪种策略，其供应商成本的增加始终会降低供应链成员以及整个供应链的利润，但是在契约锁定协议下，融资企业能获取的利润更高，也就能承受更大的成本涨幅。而相较于契约未锁定的情况，契约锁定协议下供应链在较高的成本下也能盈利，其抗成本风险能力显著增强。

尽管本章考虑了一类新资本环境下供应链的运作问题，为供应链成员提供了有效的决策方法，发现了能促进金融与实体经济紧密结合，实现供应商、成长型企业以及股权投资者多方共赢的契约结构，拓展了供应链金融的理论研究范畴。但是本章并没有考虑更深层次的股权融资问题，例如最优融资额的选择、股权融资对企业控制权的影响、退出机制的设计等，而经常困扰我国众多股权融资企业的对赌问题更是一个值得深入研究的领域。股权融资是一个持续而长期的过程，与融资企业乃至其供应链上下游企业之间都有着深远的相互影响，在金融与实体相结合的大趋势下，供应链成员所扮演的角色也越来越重要，不同的供应链结构也将带来不同的研究视角，这也有待后续研究的进一步拓展。

第四章 供应链视角下成长型企业股权融资的市场需求选择分析

第一节 引　言

随着我国宏观经济由高速转入中高速增长阶段，工业对 GDP 增长的贡献率逐渐下降，而金融业在 GDP 增长中的作用正逐渐凸显。2017 年，《国务院办公厅关于创新管理优化服务培育壮大经济发展新动能加快新旧动能接续转换的意见》中强调"优化金融支持体系。调整完善创业投资法规政策，激励引导创投机构加大对新创办企业的投入比重"。近年来，我国政府引导基金呈爆发式增长，大量政府资金涌入风险投资和私募股权投资，可以预见，风险投资/私募股权投资将成为我国未来经济发展的助推器。事实上，股权融资因其融资成本低、融资风险小、融资额度大等特点而备受成长型企业的青睐。据清科数据统计，2016 年我国股权投资市场募资总额达 1.37 万亿元，股权投资案例数量超 9000 笔，股权融资已经成为激活企业成长性、促使企业快速发展的重要途径。股权融资问题的核心是企业的"成长性"，企业只有真正成长起来才能为企业以及股权投资者带来高额回报。而市场需求是直接影响企业成长性的一个重要因素，尤其是在市场需求信息严重缺失的情况下，市场需求的选择对企业的发展有着举足轻重的作用。不同的市场需求类型对股权投融资者有着怎样的影响？什么样的市场需求对股权投融资者最有利？厘清这样的问题将有助于股权投融资者有针对性地捕获需求信息，加速企业发展。

第四章　供应链视角下成长型企业股权融资的市场需求选择分析

随着学术界对成长型企业股权融资问题的关注度越来越高（Gompers and Lerner, 2010），对于影响股权投融资行为因素的研究也开始引起学者们的重视。一方面，企业的成长性是影响股权投融资的关键因素，成长性较高的企业往往更容易吸引股权投资者。贝尔托尼等（Bertoni et al., 2005）认为，对于高成长性的企业，随着企业的成长，投资者有很大机会实现可观的资本增值，因此更有可能获得股权投资，同时这类企业自身的融资意愿也更强烈。赫尔曼和普瑞（Hellmann and Puri, 2000）通过对美国硅谷新成立企业的实证研究表明股权投资机构更倾向于选择成长性较好的创新型企业，林科等（Link et al., 2014）通过对创新型小企业的研究也证明了这一观点。周兰运（2011）以我国高科技上市公司为样本，通过实证研究发现，具有高成长性特点的高科技公司拥有更多的股权融资和股权再融资机会。此外，企业是否能获得外部股权资本可能还取决于一些影响成长性的因素。帕利亚和哈佐托（Paglia and Harjoto, 2014）通过对中小企业的一项实证研究发现，在实体企业中，净销售额、就业等直接影响成长性的因素与VC/PE的投资之间存在正相关关系。另一方面，也有一些文献研究了信息披露对股权融资成本的影响。洛佩斯和阿伦卡（Lopes and Alencar, 2010）发现信息披露与股权融资成本之间存在显著的负相关性，尤其是对那些较少受到分析师关注以及拥有分散股权结构的公司。曾颖和陆正飞（2006）以深圳证券市场A股上市公司为样本，研究了我国A股上市公司的信息披露质量对股权融资成本产生的影响，发现信息披露质量较高的样本公司边际股权融资成本较低。叶陈刚等（2015）在基于我国重污染上市公司的经验数据的一项实证研究中，同样发现环境信息披露质量与股权融资成本呈显著负相关，提升环境信息披露对降低股权融资成本有积极作用。当然，并不是所有的信息披露都会降低企业的股权融资成本。理查森和威尔克（Richardson and Welker, 2001）将公司信息披露分为了财务信息披露与社会信息披露两类，发现虽然财务信息披露可以降低股权融资成本，但是社会信息的披露反而会增加股权融资成本。波托桑和普卢姆利（Botosan and Plumlee, 2002）研究了年报披露水平和披露及时程度对股权融资成本的影响，发现企业股权融资成本随着年报披露水平的提高而降低，但会随着信息披露及时程度的提高而增加。除此以外，其他因素例如企业家的民族（Hegde and

Tumlinson,2014)、企业的社会资本(Batjargal and Liu,2004)和受行业媒体关注度(Petkova et al.,2013)等也会影响股权投资决策,少数民族、女性以及外国企业家更难获得私募股权投资和风险投资(Paglia and Harjoto,2014)。

已有文献从成长性、信息披露、企业家属性等方面探讨了企业内部因素对股权投融资的影响,揭示了对影响股权投融资行为的各类因素进行研究的必要性。进一步讲,我们认为企业所处的外部环境也可能对股权投融资产生重要影响。尤其是在市场信息严重缺失的情况下,需求信息的选择关系着企业的成长性,是值得投融资双方共同关注的重要外部因素。另外,股权投资并不仅仅是一项财务投资以及简单的资本运作结果,而是一个立足于企业成长的重要而长远的战略性问题,影响的是整个供应链,而非单个企业。因此,本章认为应当在供应链视角下研究不同的市场需求对零售企业股权融资的影响。事实上,市场需求信息问题天然就是供应链中的一个研究话题,而供应链作为企业价值创造与价值实现的载体,是联系企业成长性、价值评估以及融资意愿的主要企业组织。故我们认为关于市场需求对股权融资影响的研究应在充分理解供应链运作的基础上展开。

本章基于供应链视角研究了市场信息严重缺失情况下,不同需求信息的选择对成长型企业股权融资的影响。考察了上下界、均值、均值与上下界三种市场需求情况下的企业股权融资问题,旨在通过三种需求情况的对比,深入分析市场需求对股权投融资以及供应链运作的影响,揭示不同市场需求造成的金融与运营结果的差异性,发现对投融资者最有利的市场需求情况,使决策者在信息缺失的情况下有针对性地捕获市场需求,加快企业成长,实现金融与实体的共同繁荣。

第二节 问题描述与基准模型

一、问题描述与假设

本章同样研究零售类型的成长型企业,在由单个供应商和零售商组成的

第四章 供应链视角下成长型企业股权融资的市场需求选择分析

二级供应链中，供应商以批发价 w 向零售商销售产品，其单位成本为 c。零售商为新兴市场中的成长型企业，面临着随机的市场需求 ξ，高度不确定的外部市场环境使得零售商关于市场需求分布 F 只能获取较少的信息（例如均值、上下界等），本章考虑三类较为常见的市场需求情况：上下界、均值以及上下界与均值。零售商的销售价格为 p，在进行以供应商为主导的斯塔克伯格博弈下，零售商需要决策商品的最优采购数量 q 以最大化自身资产，而供应商则需决策其最优批发价 w。

企业在发展过程中风险与机遇并存，假设零售商现在面临较好的市场机遇，可以通过付出努力来拓展市场，增加市场需求。根据泰勒（2002）的理论可知，新的市场需求可以表示为 $D = \xi + \beta e$，其中 $e(e>0)$ 表示零售商为市场开拓而付出的努力水平，$\beta(\beta>0)$ 则表示每单位努力水平能带来的需求增量，被称为企业的成长因子。令 $V(e)$ 表示努力成本函数，其关于努力水平单调递增，符合边际成本递增规律，且满足 $V(0)=0$。不失一般性，本章仍假设 $V(e) = 0.5se^2$，其中 $s>0$，表示努力的成本系数。对处于成长期的零售企业而言，资金约束是限制企业发展的主要因素，往往造成企业"守成有余，进取不足"，如不能及时把握市场机遇，则企业难以快速成长，甚至被竞争激烈的市场所淘汰。在零售商因自身资金约束无力担负市场开拓成本的情况下，为把握市场机遇使企业快速发展，零售商以增资扩股的方式引入私募股权投资机构进行投资。上述过程如图 4.1 所示。

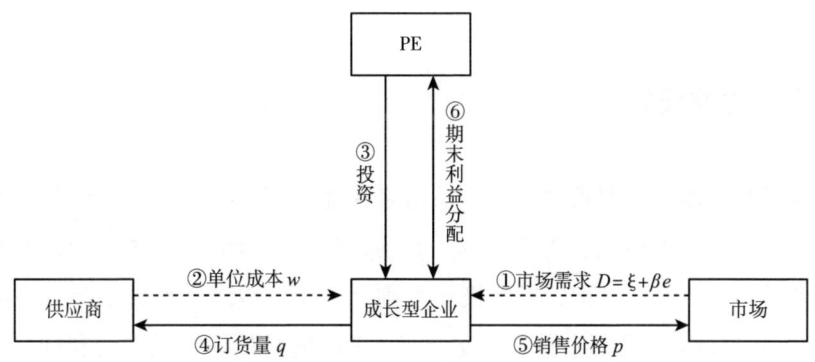

图 4.1 成长型企业股权融资及供应链运作流程

假设 PE 在融资时以市净率对企业进行估值。事实上，在各种常见的估值法中，市净率估值法正适用于拥有大量实物资产的供应链企业，同时具有净资产的账面数据容易获取且不易被操纵的优点。假设融资后零售企业的生产运营决策仍由企业原股东即零售商制定，并以自身占有资产最大化为决策目标。本章不考虑融资成本与税收，并假设零售商扩展市场的行为不改变产品的销售价格。为方便分析，本章其他假设如下：

（1）产品残值为 0，且不考虑零售商因缺货带来的商誉损失等成本。

（2）零售商自有资金足以保证订货，但不用于市场开拓。

（3）零售商市场开拓资金全部来自股权融资，且融资资金 B 全部用于市场开拓，即满足 $B = 0.5se^2$。

本章其他参数设置见表 4.1。

表 4.1　　　　　　　　　　参数说明

符号	说明
A	零售商融资前的固定资产
η	零售商融资前自有资金
α	PE 对零售商的估值倍数
θ_1	股权融资后零售商的持股比例
θ_2	股权融资后 PE 的持股比例
Γ	满足一定条件的所有的非负分布集合

二、基准模型

在市场需求信息严重缺失时，决策者往往采用一种保守和审慎的行为进行策略制定，我们称之为鲁棒行为。目前，学术界将研究这种行为的方法统称为鲁棒优化方法。其中，极大极小准则（Scarf, 1958）和极小极大后悔准则（Roels, 2006）是两个常见分支。前者考虑的是最坏情况下的利润，这使得其订货决策往往会过于保守，甚至出现不订货的情况。故本章针对不完全的市场需求信息，仍采用极小极大后悔准则进行最优订货量的决策。

本节考虑零售商不进行市场开拓情况下的订货策略制定，基准供应链运作流程如图4.2所示。

图4.2　基准供应链运作流程

给定零售商的单位成本和销售价格分别为 w、p。在极小极大后悔准则中，"后悔"被定义为零售商在拥有完全信息时所能获取的超出部分信息情况下的利润，即：$\max_{y \geq 0} E_F[\pi(y)] - E_F[\pi(q)]$，$\pi(q)$ 表示零售商的利润，$E_F[\cdot]$ 表示在累计分布函数 F 下的期望值。"后悔"可以看作是因信息不完全所造成的损失。极大后悔的定义为：$\rho(q) \doteq \max_{F \in \Gamma} \{\max_{y \geq 0} E_F[\pi(y)] - E_F[\pi(q)]\}$。那么极小极大后悔准则就是考虑如下极小化极大后悔值的问题：

$$\rho^* = \min_{q \geq 0} \rho(q) = \min_{q \geq 0} \max_{F \in \Gamma} \{\max_{y \geq 0} E_F[\pi(y)] - E_F[\pi(q)]\} \quad (4.1)$$

在三种不同的市场需求情况下（上下界、均值以及上下界与均值），罗伊斯（2006）给出了如下关于极小极大后悔订货量的结果。

引理4.1（Roels，2006）如果需求分布非负且上下界为 $[l, r]$，那么极小极大后悔订货量为：

$$q^* = \beta \sqrt{2B/s} + \frac{w}{p} l + \frac{p-w}{p} r \quad (4.2)$$

引理4.2（Roels，2006）如果需求分布非负，均值为 μ 且上下界为 $[l, r]$，则极小极大后悔订货量为：

$$q^* = \begin{cases} \mu - w/p(\mu - l), & 1/2 \leq w/p \\ l + \dfrac{p(\mu - l)}{4w}, & \dfrac{\mu - l}{2(r - l)} \leq w/p < 1/2 \\ r - \dfrac{w(r - l)^2}{p(\mu - l)}, & w/p < \dfrac{\mu - l}{2(r - l)} \end{cases} \quad (4.3)$$

特别地，令 $l \to 0$，$r \to +\infty$，可以得到市场需求只有均值 μ 已知时的极小极大后悔订货量：

$$q^* = \begin{cases} \mu - w/p\mu, & 1/2 \leq w/p \\ \dfrac{p\mu}{4w}, & w/p < 1/2 \end{cases} \quad (4.4)$$

进一步地，若供应商与零售商进行以供应商为主导的斯塔克伯格博弈，则供应商的决策目标为：

$$\max_{w \geq 0}(w-c)q$$

根据引理4.1、引理4.2马上可以得到三种市场需求下零售商与供应商的最优决策，详见表4.2。

表4.2　　　　三种市场需求下的基准供应链最优决策

决策	信息		
	上下界	均值&上下界	均值
最优批发价	$\dfrac{c}{2} + \dfrac{pr}{2(r-l)}$	$\dfrac{c}{2} + \dfrac{p\mu}{2(\mu-l)}$	$\dfrac{p+c}{2}$
最优订货量	$(1-\dfrac{c}{p})\dfrac{r}{2} + \dfrac{cl}{2p}$	$(1-\dfrac{c}{p})\dfrac{\mu}{2} + \dfrac{cl}{2p}$	$(1-\dfrac{c}{p})\dfrac{\mu}{2}$

第三节　不同市场需求下的供应链决策

处于成长期的零售商在面临好的市场机遇时可以通过付出努力来拓展市场，扩大市场需求，基于前面假设，新的市场需求可表示为 $D = \xi + \beta e$。显然，零售商的订货量 $q \geq \beta e$。零售商因自身资金不足无法进行市场开拓，故引入私募股权投资机构增资扩股，以提供市场开拓所需全部资金。在股权融资之后，由市净率估值法可得零售商在零售企业中的持股比例变为：$\theta_1 = \dfrac{\alpha(A+\eta)}{\alpha(A+\eta)+B}$，PE的持股比例为：$\theta_2 = 1 - \theta_1$。根据假设 $B = 0.5se^2$，可知 $e = \sqrt{2B/s}$，进而零售企业在销售期期末的净资产可表示为：

$$TA_R(q) = \theta_1(A + \eta + B + p\min\{q, \xi + \beta\sqrt{2B/s}\} - wq - B)$$

PE 的净资产为：

$$TA_{PE} = \theta_2(A + \eta + B + p\min\{q, \xi + \beta\sqrt{2B/s}\} - wq - B) - B$$

类似于基准模型，我们在三种市场需求下考察零售商与供应商的最优决策。零售商需要制定最优订货量来使需求信息缺失时的极大后悔值最小，即考虑以下极小极大后悔问题：

$$\rho^* = \min_{q \geq 0}\rho(q) = \min_{q \geq 0}\max_{F \in \Gamma}\{\max_{y \geq 0} E_F[TA_R(y)] - E_F[TA_R(q)]\} \quad (4.5)$$

供应商的优化目标为：

$$\max_w \pi_s(w) = \max_w(w - c)q \quad (4.6)$$

根据我们在第三章的结论，供应商主导的契约结构会严重抑制零售商的股权融资意愿，锁定批发价不仅能提升零售商的股权融资意愿，同时也可以给供应链成员带来更高的经济效益。故对于本章的三种市场需求情况，我们假定供应商将批发价锁定为对应的基准模型下的批发价。

式（4.5）中的极大化的顺序可进行如下调换：

$$\begin{aligned}(MRPi)\rho^* &= \min_{q \geq 0}\rho(q) = \min_{q \geq 0}\max_{y \geq 0}\{\max_{F \in \Gamma} E_F[TA_R(y)] - E_F[TA_R(q)]\} \\ &= \min_{q \geq 0}\max_{y \geq 0}\Big\{\theta_1 p \max_{F \in \Gamma}\int_0^{+\infty}(\min\{y, x + \beta\sqrt{2B/s}\} \\ &\quad - \min\{q, x + \beta\sqrt{2B/s}\})dF(x)\Big\} \\ &\quad + \theta_1 w(q - y) \end{aligned} \quad (4.7)$$

由于零售商最多掌握了需求的均值，即一阶矩信息，因此，式（4.7）内层关于分布函数的极大化问题可以重新定义为如下形式：

$$(ORPi) \max_{F \in \Gamma}\int_0^{+\infty}(\min\{y, x + \beta\sqrt{2B/s}\} - \min\{q, x + \beta\sqrt{2B/s}\})dF(x)$$

$$s.t. \begin{cases} \int_0^{+\infty} dF(x) = 1 \\ \int_0^{+\infty} xdF(x) = \mu \end{cases} \quad (4.8)$$

F 为满足上下界的任意分布。

类似于第三章,式(4.8)的求解也需要借助对偶过程,先给出如下的对偶问题:

$$(ORPi) \min_{\alpha_0, \alpha_1} \alpha_0 + \mu\alpha_1$$

$$s.t. \quad \alpha_0 + \mu\alpha_1 \geq \min\{y, x + \beta\sqrt{2B/s}\} - \min\{q, x + \beta\sqrt{2B/s}\}, \forall x \geq 0 \tag{4.9}$$

我们需要借助强对偶性,使得求式(4.8)的最优值等价于求式(4.9)的最优值,为此,我们同样定义式(3.6)的集合 Υ,并假定其内部非空(即具有 Slater 约束品性),根据波佩斯库(Popescu, 2005)以及祖鲁加加和培尼亚(Zuluaga and Peña, 2005)的理论可知,此时式(4.8)与式(4.9)的强对偶成立。假定 F^* 为使式(4.8)取得最大值的分布,基于强对偶原则,我们得到如下互补松弛条件:

$$\int_0^{+\infty} [\alpha_0 + \mu\alpha_1 - (\min\{y, x + \beta\sqrt{2B/s}\} - \min\{q, x + \beta\sqrt{2B/s}\})]dF^*(x) = 0$$

故式(4.8)有非零解(即需求有非零分布)的充要条件是:

$$\alpha_0 + \mu\alpha_1 = \min\{y, x + \beta\sqrt{2B/s}\} - \min\{q, x + \beta\sqrt{2B/s}\} \tag{4.10}$$

记 $G(y;q) = \max_{F \in \Gamma}\{E_F[TA_R(y)] - E_F[TA_R(q)]\}$,类似于普瑞克斯和罗伊斯(Perakis and Roels, 2008)的研究以及本书命题 3.1,我们可以得到如下命题。

命题 4.1 (a) 函数 $G(y;q)$ 在区间 $y \in [0, q]$ 以及区间 $y \in [q, +\infty)$ 上是凹函数,但不一定具有全局凹性。

(b) 函数 $\rho(q)$ 是凸函数,且零售商最优订货量 $q^* = \arg\min\rho(q)$ 使得下式成立:

$$\max_{y \in [0, q^*]} G(y; q^*) = \max_{y \in [q^*, +\infty)} G(y; q^*)$$

证明:(a) 令 $g(x, y; q) = \min\{y, x + \beta\sqrt{2B/s}\} - \min\{q, x + \beta\sqrt{2B/s}\}$,先考察函数 $g(x, y; q)$ 的凹凸性。根据凹函数的定义,$\forall (x_1, y_1), (x_2, y_2) \in \{(x, y) | x + \beta\sqrt{2B/s} \geq q, y \geq q\}$,以及 $\forall \lambda_1, \lambda_2 \in (0, 1)$ 且 $\lambda_1 + \lambda_2 = 1$,若

$\lambda_1 g(x_1,y_1;q) + \lambda_2 g(x_2,y_2;q) \leqslant g(\lambda_1 x_1 + \lambda_2 x_2, \lambda_1 y_1 + \lambda_2 y_2;q)$ 成立，则 $g(x,y;q)$ 为凹函数。

$\lambda_1 g(x_1,y_1;q) + \lambda_2 g(x_2,y_2;q)$
$= \min\{\lambda_1 y_1, \lambda_1 x_1 + \lambda_1 \beta \sqrt{2B/s}\} + \min\{\lambda_2 y_2, \lambda_2 x_2 + \lambda_2 \beta \sqrt{2B/s}\} - (\lambda_1 + \lambda_2)q$
$\leqslant \min\{\lambda_1 y_1 + \lambda_2 y_2, \lambda_1 x_1 + \lambda_2 x_2 + \beta \sqrt{2B/s}\} - \min\{q, \lambda_1 x_1 + \lambda_2 x_2\}$
$= g(\lambda_1 x_1 + \lambda_2 x_2, \lambda_1 y_1 + \lambda_2 y_2;q)$

故 $g(x,y;q)$ 在 $\{(x,y)\mid x+\beta\sqrt{2B/s}\geqslant q, y\geqslant q\}$ 上是凹函数。由于凹性在非负加权积分下仍然保持，所以 $\int_{x+\beta\sqrt{2B/s}\geqslant q} g(x,y;q)dF(x)$ 关于 y 在区间 $y\geqslant q$ 上是凹函数。又因为在 $y\geqslant q$ 的前提下，当 $x+\beta\sqrt{2B/s}\leqslant q$ 时有 $g(x,y;q)=0$，所以 $\int_0^{+\infty} g(x,y;q)dF(x)$ 在区间 $y\geqslant q$ 上是凹函数，进而 $\theta_1\left[p\int_0^{+\infty} g(x,y;q)dF(x) + w(q-y)\right]$ 在区间 $y\geqslant q$ 上也是凹函数。又因为凸集上求最大值可以保持凹性，所以 $G(y;q)$ 在区间 $y\in[q,+\infty)$ 上是凹函数。类似地，可以证明 $G(y;q)$ 在区间 $y\in[0,q]$ 上是凹函数。

（b）证 $E_F[TA_R(q)] = \int_0^{+\infty} \theta_1[A+\eta+B+p\min\{q,x+\beta\sqrt{2B/s}\} - wq - B]dF(x)$ 是关于 q 的凹函数即可。易证 $E_F[TA_R(q)]$ 的二阶导数小于零，所以 $E[\pi_{TA}(q)]$ 是凹函数。相应地，$E_F[\pi_{TA}(y)] - E_F[\pi_{TA}(q)]$ 就是关于 q 的凸函数。定义 $G^-(q) = \max_{z\in[0,q]} G(y;q)$，$G^+(q) = \max_{z\in[q,+\infty)} G(y;q)$，再根据凸集上最大化可以保持凹性，$G(y;q)$、$G^-(q)$ 以及 $G^+(q)$ 也是凸函数。而 $\rho(y) = \max_{y\geqslant 0} G(y;q) = \max\{\max_{z\in[0,q]} G(y;q), \max_{z\in[q,+\infty)} G(y;q)\}$ 为两个凸函数取最大，同样也是凸的。根据定义可得，$G^-(q)$ 为非减凸函数，且 $\lim_{q\to 0} G^-(q)=0$；$G^+(q)$ 为非增凸函数，且 $\lim_{q\to +\infty} G^+(q)=0$，因此 $G^-(q)$ 与 $G^+(q)$ 必有交点，且该交点就是 $\rho(y)$ 的最小值点，故对 $q^* = \arg\min\rho(q)$ 有 $G^-(q^*) = G^+(q^*)$。

类似于命题 3.1，命题 4.1 给出的关于最优解满足"订货过少时的极大后悔值与订货过多时的极大后悔值相等"的性质可帮助我们对式（4.7）进行求解。

一、基于上下界信息的运营决策

我们先假设零售商只知道需求分布的上下界 $[l, r]$，上下界信息可以看作是"不确定性的预算"（Bertsimas and Sim，2004），通过将不确定性需求限制在某个区间内，零售商可以在一定程度上对订货量进行更加准确的把控。在这种情况下，式（4.8）的等式约束不含一阶矩，通过前面的对偶过程，利用命题4.1，我们可以得到如下定理。

定理4.1 若需求分布 ξ 非负且只有上下界 $[l, r]$ 已知，极小极大后悔订货量为：

$$q^* = \beta\sqrt{2B/s} + \frac{w}{p}l + \frac{p-w}{p}r \tag{4.11}$$

证明：注意 $\beta\sqrt{2B/s} \leq y$，q，记 $h(x) = \min\{y, x+\beta\sqrt{2B/s}\} - \min\{q, x+\beta\sqrt{2B/s}\}$，结合式（4.9）的可行性约束，我们分如下两种情况对式（4.7）进行求解。

情况1 $y \geq q$，此时有：

$$h(x) = \begin{cases} 0, & x+\beta\sqrt{2B/s} \leq q \\ x+\beta\sqrt{2B/s}-q, & q < x+\beta\sqrt{2B/s} \leq y \\ y-q, & y < x+\beta\sqrt{2B/s} \end{cases}$$

根据式（4.9）的可行性约束以及式（4.10），使得式（4.8）最大的分布的概率密度必定是 $x \geq y-\beta\sqrt{2B/s}$ 区间内的一个单位脉冲，对应的最大函数值为：$y-q$。因此，当 $y \geq q$ 时，零售商在最差分布下的后悔值为：

$$G(y;q) = \theta_1(p-w)(y-q)$$

因此，$\max\limits_{r+\beta\sqrt{2B/s} \geq y \geq q} G(y;q) = \theta_1(p-w)(r+\beta\sqrt{2B/s}-q)$。

情况2 $y < q$，此时有：

$$h(x) = \begin{cases} 0, & x + \beta\sqrt{2B/s} \leq y \\ y - x - \beta\sqrt{2B/s}, & y < x + \beta\sqrt{2B/s} \leq q \\ y - q, & q < x + \beta\sqrt{2B/s} \end{cases}$$

根据式（4.9）的可行性约束以及式（4.10），使得式（4.8）最大的分布的概率密度集中在 $x \leq y - \beta\sqrt{2B/s}$ 的区间内，其最大值为 0。因此，当 $y < q$ 时，零售商在最差分布下的后悔值为：

$$G(y;q) = -\theta_1 w(y - q)$$

因此，$\max\limits_{q \geq y \geq l + \beta\sqrt{2B/s}} G(y;q) = -\theta_1 w(l + \beta\sqrt{2B/s} - q)$。

根据命题 4.1 可知，最优订货量 q^* 是平衡订货过少和订货过多情况下的机会成本的订货量，因此，最优订货量满足 $\theta_1(p-w)(r + \beta\sqrt{2B/s} - q^*) = -\theta_1 w(l + \beta\sqrt{2B/s} - q^*)$，即 $q^* = \beta\sqrt{2B/s} + \dfrac{w}{p}l + \dfrac{p-w}{p}r$，对应的极小极大后悔值为 $\rho^* = \theta_1 \dfrac{w(p-w)}{p}(r-l)$。

基于定理 4.1，我们可以给出在供应商锁定批发价时零售商的最优订货决策。

命题 4.2 若需求分布 ξ 非负且只有上下界 $[l, r]$ 已知，当供应商的批发价锁定为 $w^* = \dfrac{c}{2} + \dfrac{pr}{2(r-l)}$ 时，零售商在此批发价下的最优订货量为：

$$q^* = \beta\sqrt{2B/s} + \left(1 - \dfrac{c}{p}\right)\dfrac{r}{2} + \dfrac{cl}{2p}$$

证明：将 $w^* = \dfrac{c}{2} + \dfrac{pr}{2(r-l)}$ 代入式（4.11）即可得到命题结论。

通过命题 4.2，马上可以得出如下推论。

推论 4.1 上下界的区间范围越大，即 r 越大或者 l 越小，供应商的批发价越低；反之，则越高。

上下界的区间大小在一定程度上对应着需求信息的准确程度：区间越大，表明信息准确度越低，区间越小，则表明信息准确度越高。因此推论 4.1 告诉我们，在只有市场需求的上下界已知时，零售商获取的信息越准确，其面临的批发价反而越高。

二、基于均值和上下界信息的运营决策

现我们假设除了上下界信息，零售商还能获取市场需求的均值 μ，这实际上对应着零售商对需求的一个单点预测（Roels，2006）。相应地，信息完全与信息缺失下的订货量 y，q 应该满足 y，$q \in [l + \beta\sqrt{2B/s}, r + \beta\sqrt{2B/s}]$。借助前面的对偶过程，我们可以得到如下定理。

定理 4.2 若需求分布 ξ 非负，均值为 μ 且需求范围为 $[l, r]$，零售商的极小极大后悔订货量为：

$$q^* = \begin{cases} \mu + \beta\sqrt{2B/s} - w/p(\mu - l), & 1/2 \leqslant w/p \\ l + \beta\sqrt{2B/s} + \dfrac{p(\mu - l)}{4w}, & \dfrac{\mu - l}{2(r - l)} \leqslant w/p < 1/2 \\ r + \beta\sqrt{2B/s} - \dfrac{w(r - l)^2}{p(\mu - l)}, & w/p < \dfrac{\mu - l}{2(r - l)} \end{cases} \quad (4.12)$$

证明：注意完全信息与部分信息下的订货量 y，q 应该满足 y，$q \in [l + \beta\sqrt{2B/s}, r + \beta\sqrt{2B/s}]$。同样地，我们可以分如下两种情况对式（4.8）进行求解。

情况 3 $l + \beta\sqrt{2B/s} \leqslant q \leqslant y \leqslant r + \beta\sqrt{2B/s}$，此时有：

$$h(x) = \begin{cases} 0, & l \leqslant x \leqslant q - \beta\sqrt{2B/s} \\ x + \beta\sqrt{2B/s} - q, & q - \beta\sqrt{2B/s} < x \leqslant y - \beta\sqrt{2B/s} \\ y - q, & y - \beta\sqrt{2B/s} < x \leqslant r \end{cases}$$

根据式（4.9）的可行性约束以及式（4.10），使得式（4.8）最大分布的概率密度集中在 $\alpha_0 + x\alpha_1$ 与 $h(x)$ 的公共点，如图 4.3 所示。

①当 $\alpha_0 + x\alpha_1$ 与 $h(x)$ 只有两个交点时，两个交点的坐标分别为 $(l, 0)$，$(y - \beta\sqrt{2B/s}, y - q)$，根据交点信息，可得出 $\alpha_0 = -\dfrac{(y - q)l}{y - \beta\sqrt{2B/s} - l}$，$\alpha_1 =$

第四章 供应链视角下成长型企业股权融资的市场需求选择分析

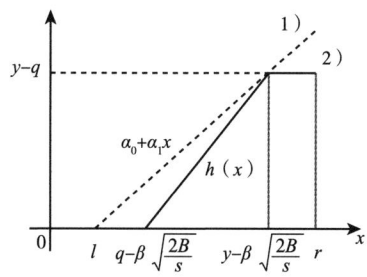

图 4.3 当 $q \leqslant y$ 时 $\alpha_0 + x\alpha_1$ 与 $h(x)$ 可能的相交情况

$\dfrac{y-q}{y-\beta\sqrt{2B/s}-l}$。因此根据强对偶原理可知，式（4.8）此时在最差分布下的期望利润函数为：$\alpha_0 + \mu\alpha_1 = \dfrac{(\mu-l)(y-q)}{y-\beta\sqrt{2B/s}-l}$。注意到市场需求的均值为 μ，而情况①中式（4.8）的概率分布是最大值为 y 的两点分布，故此时有限制条件 $\mu < y - \beta\sqrt{2B/s}$。

② $\alpha_0 + x\alpha_1$ 为水平射线，此时 $\alpha_1 = 0$ 且 $\alpha_0 = y - q$，根据强对偶原则可知，式（4.8）此时在最差分布下的期望利润函数为 $\alpha_0 = y - q$。同样考虑到情况②中式（4.8）的概率分布的最小值为 y，所以此时有限制条件 $y - \beta\sqrt{2B/s} \leqslant \mu$。

综上所述，当 $y \geqslant q$ 时，零售商在最差分布下的后悔为：

$$G(y;q) = \begin{cases} \theta_1(p-w)(y-q), & l \leqslant y - \beta\sqrt{2B/s} \leqslant \mu \\ \theta_1\left(\dfrac{p(\mu-l)}{y-\beta\sqrt{2B/s}-l} - w\right)(y-q), & \mu < y - \beta\sqrt{2B/s} \leqslant r \end{cases}$$

(4.13)

函数 $G(y;q)$ 是连续函数。

下面我们考虑 $\max\limits_{y \geqslant q} G(y;q)$。当 $l \leqslant y - \beta\sqrt{2B/s} \leqslant \mu$ 时，$G(y;q)$ 为单调递增的线性函数，其最大值在右边界 $y = \mu + \beta\sqrt{2B/s}$ 处取得。

当 $\mu < y - \beta\sqrt{2B/s} \leqslant r$ 时，易证 $G(y;q)$ 为凹函数，令 $\dfrac{dG(y;q)}{dy} = 0$，即可得到最大值在 $y^* = \beta\sqrt{2B/s} + l + \sqrt{\dfrac{p(\mu-l)}{w}(q - \beta\sqrt{2B/s} - l)}$ 处取得，但是该

点不一定在区间 ($\mu+\beta\sqrt{2B/s}$, $r+\beta\sqrt{2B/s}$) 内。如果 $\mu+\beta\sqrt{2B/s}<y^*\leqslant r+\beta\sqrt{2B/s}$，即 $\beta\sqrt{2B/s}+l+\dfrac{w(\mu-l)}{p}<q\leqslant\beta\sqrt{2B/s}+l+\dfrac{w(r-l)^2}{p(\mu-l)}$，$y^*\in(\mu+\beta\sqrt{2B/s},r+\beta\sqrt{2B/s})$，根据 $G(y;q)$ 的连续性，$G(y;q)$ 在 $y\geqslant q$ 时的最大值在 $y^*=\beta\sqrt{2B/s}+l+\sqrt{\dfrac{p(\mu-l)}{w}(q-\beta\sqrt{2B/s}-l)}$ 处取得，为：$\max\limits_{y\geqslant q}G(y;q)=\theta_1\left[\sqrt{p(\mu-l)}-\sqrt{w(q-\beta\sqrt{2B/s}-l)}\right]^2$；若 $q\leqslant\beta\sqrt{2B/s}+l+\dfrac{w(\mu-l)}{p}$，则 $y^*\leqslant\mu+\beta\sqrt{2B/s}$，故 $y^*\in[l+\beta\sqrt{2B/s},\mu+\beta\sqrt{2B/s}]$，极值点在凹函数的左边，根据连续性，$y\geqslant q$ 时 $G(y;q)$ 的最大值在 $y=\mu+\beta\sqrt{2B/s}$ 处取得，为：$\max\limits_{y\geqslant q}G(y;q)=\theta_1(p-w)(\mu+\beta\sqrt{2B/s}-q)$；若 $q>\beta\sqrt{2B/s}+l+\dfrac{w(r-l)^2}{p(\mu-l)}$，则 $y^*\in(r+\beta\sqrt{2B/s},+\infty)$，极值点在凹函数的右边，根据连续性可知，$y\geqslant q$ 时 $G(y;q)$ 的最大值在右边界 $y=r+\beta\sqrt{2B/s}$ 处取得，为：$\max\limits_{y\geqslant q}G(y;q)=\theta_1\left(\dfrac{p(\mu-l)}{r-l}-w\right)(r+\beta\sqrt{2B/s}-q)$。

综上所述，当 $y\geqslant q$，即订货量过少时，零售商的最大后悔为：

$$\rho(q)=\begin{cases}\theta_1(p-w)(\mu+\beta\sqrt{2B/s}-q), & q\leqslant\beta\sqrt{2B/s}+l+\dfrac{w(\mu-l)}{p}\\[6pt]\theta_1\left(\sqrt{p(\mu-l)}-\sqrt{w(q-\beta\sqrt{2B/s}-l)}\right)^2, & \beta\sqrt{2B/s}+l+\dfrac{w(\mu-l)}{p}\\[2pt]\quad<q\leqslant\beta\sqrt{2B/s}+l+\dfrac{w(r-l)^2}{p(\mu-l)}\\[6pt]\theta_1\left(\dfrac{p(\mu-l)}{r-l}-w\right)(r+\beta\sqrt{2B/s}-q), & \beta\sqrt{2B/s}+l+\dfrac{w(r-l)^2}{p(\mu-l)}<q\end{cases}$$

(4.14)

情况 4 $l+\beta\sqrt{2B/s}\leqslant y\leqslant q\leqslant r+\beta\sqrt{2B/s}$，此时有：

$$h(x)=\begin{cases}0, & x+\beta\sqrt{2B/s}\leqslant y\\ y-x-\beta\sqrt{2B/s}, & y<x+\beta\sqrt{2B/s}\leqslant q\\ y-q, & q<x+\beta\sqrt{2B/s}\end{cases}$$

根据式（4.9）的可行性约束以及式（4.10），使得式（4.8）最大分布的概率密度集中在 $\alpha_0 + x\alpha_1$ 与 $h(x)$ 的公共点，如图4.4所示。

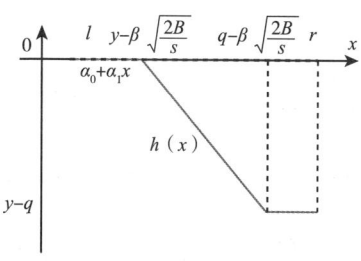

图4.4 当 $q > y$ 时 $\alpha_0 + x\alpha_1$ 与 $h(x)$ 可能的相交情况

由图4.4可知，满足条件的函数 $\alpha_0 + x\alpha_1$ 只有一种可能：$\alpha_0 = \alpha_1 = 0$。故当 $y < q$ 时，零售商在最差分布下的后悔为：$G(y;q) = -\theta_1 w(y-q)$。这是关于 y 的单调递减函数，故 $G(y;q)$ 的最大值在左端点 $y = l + \beta\sqrt{2B/s}$ 处取得。因此，当 $y < q$，即订货量过多时，零售商的最大后悔为：

$$\rho(q) = \max_{y \leqslant q} G(y;q) = \theta_1 w(q - l - \beta\sqrt{2B/s}) \tag{4.15}$$

根据命题4.1可知，最优订货量 q^* 是平衡订货过少和订货过多情况下的机会成本的订货量，当 $q < \beta\sqrt{2B/s} + l + \dfrac{w(\mu-l)}{p}$ 时，$\rho^* = \min_{q \geqslant 0} \max\{\theta_1 w(q - l - \beta\sqrt{2B/s}), \theta_1(p-w)(\mu + \beta\sqrt{2B/s} - q)\}$。最优订货量满足 $\theta_1 w(q^* - l - \beta\sqrt{2B/s}) = \theta_1(p-w)(\mu + \beta\sqrt{2B/s} - q^*)$，即 $q^* = \mu + \beta\sqrt{2B/s} - w/p(\mu - l)$，对应的极小极大后悔值为：$\rho^* = \theta_1 w \dfrac{p-w}{p}(\mu - l)$。条件 $q < \beta\sqrt{2B/s} + l + \dfrac{w(\mu-l)}{p}$ 变为：$1/2 < w/p$。

当 $\beta\sqrt{2B/s} + l + \dfrac{w(\mu-l)}{p} \leqslant q < \beta\sqrt{2B/s} + l + \dfrac{w(r-l)^2}{p(\mu-l)}$ 时，$\rho^* = \min_{q \geqslant 0} \max\{\theta_1 w(q - l - \beta\sqrt{2B/s}), \theta_1[\sqrt{p(\mu-l)} - \sqrt{w(q - \beta\sqrt{2B/s} - l)}]^2\}$。最优订货量满足 $\theta_1 w(q^* - l - \beta\sqrt{2B/s}) = \theta_1[\sqrt{p(\mu-l)} - \sqrt{w(q^* - \beta\sqrt{2B/s} - l)}]^2$，

即 $q^* = \beta\sqrt{2B/s} + l + \dfrac{p(\mu-l)}{4w}$，极小极大后悔值为：$\rho^* = \theta_1 \dfrac{p(\mu-l)}{4}$。条件 $\beta\sqrt{2B/s} + l + \dfrac{w(\mu-l)}{p} < q \leq \beta\sqrt{2B/s} + l + \dfrac{w(r-l)^2}{p(\mu-l)}$ 变为：$\dfrac{\mu-l}{2(r-l)} \leq w/p < 1/2$。

当 $\beta\sqrt{2B/s} + l + \dfrac{w(r-l)^2}{p(\mu-l)} \leq q$ 时，$\rho^* = \min\limits_{q\geq 0}\max\left\{\theta_1 w(q-l-\beta\sqrt{2B/s}),\, \theta_1\left(\dfrac{p(\mu-l)}{r-l}-w\right)(r+\beta\sqrt{2B/s}-q)\right\}$。根据命题 4.1 可知，最优订货量满足 $\theta_1 w(q^*-l-\beta\sqrt{2B/s}) = \theta_1\left(\dfrac{p(\mu-l)}{r-l}-w\right)(r+\beta\sqrt{2B/s}-q^*)$，即 $q^* = r + \beta\sqrt{2B/s} - \dfrac{w(r-l)^2}{p(\mu-l)}$，极小极大后悔值为：$\rho^* = \theta_1 w\left(r-l-\dfrac{w(r-l)^2}{p(\mu-l)}\right)$。条件 $\beta\sqrt{2B/s} + l + \dfrac{w(r-l)^2}{p(\mu-l)} < q$ 变为：$w/p < \dfrac{\mu-l}{2(r-l)}$。

综上所述，零售商的最优订货决策为：

$$q^* = \begin{cases} \mu + \beta\sqrt{2B/s} - w/p(\mu-l), & 1/2 \leq w/p \\ \beta\sqrt{2B/s} + l + \dfrac{p(\mu-l)}{4w}, & \dfrac{\mu-l}{2(r-l)} \leq w/p < 1/2 \\ r + \beta\sqrt{2B/s} - \dfrac{w(r-l)^2}{p(\mu-l)}, & w/p < \dfrac{\mu-l}{2(r-l)} \end{cases}$$

定理 4.2 验证完毕。

类似于命题 4.2，我们可以给出在供应商锁定批发价时零售商的最优订货决策。

命题 4.3 若需求分布 ξ 非负，均值为 μ 且需求的范围为 $[l,r]$ 已知，当供应商的批发价锁定为 $w^* = c/2 + \dfrac{p\mu}{2(\mu-l)}$ 时，零售商在此批发价下的最优订货量为：$q^* = \beta\sqrt{2B/s} + \left(1-\dfrac{c}{p}\right)\dfrac{\mu}{2} + \dfrac{cl}{2p}$。

证明：将 $w^* = \dfrac{c}{2} + \dfrac{p\mu}{2(\mu-l)}$ 代入式（4.12），即可得到命题结论。

对比命题 4.2、命题 4.3，我们可以得到零售商股权融资时供应链成员在不同市场需求下的决策对比。

推论4.2 相较于零售商只拥有需求上下界信息的情况,当零售商额外获取了市场需求的均值信息后,供应商反而会提高批发价,零售商的订货量降低。

推论4.2表明当零售商拥有更多市场需求信息时,在信息对称的情况下,占主导地位的供应商会提高批发价,零售商的订货量会降低,不利于零售商的发展。零售商努力获取了更多的信息反而给企业带来了负面影响。

特别地,我们考虑到一种特殊情况:$l\to 0$,$r\to +\infty$,这相当于零售商只获取了市场需求的均值信息,此时命题4.3的结论变为下述形式。

推论4.3 若需求分布ξ非负,均值为μ,当供应商的批发价锁定为$w^* = \frac{p+c}{2}$时,零售商在此批发价下的最优订货量为:$q^* = \beta\sqrt{2B/s} + \left(1-\frac{c}{p}\right)\frac{\mu}{2}$。

第四节 数值仿真

前面我们通过模型计算给出了当成长型企业进行股权融资时三类市场需求下供应链成员的最优决策,本章拟通过数值仿真考察:(1)市场需求对股权投融资的影响;(2)市场需求对供应链的影响。为便于比较,我们假定有三条供应链,供应链1的零售商只有市场需求的上下界信息,供应链2的零售商同时拥有均值和上下界信息,而供应链3的零售商只有市场需求的均值信息。仿真所有参数单位统一取"1",仿真基本参数设置见表4.3。

表4.3 仿真基本参数

A	B	η	p	c	α	β	s	l	r
3000	4000	2000	60	20	5	3	1	100	1000

对于市场需求的均值μ,我们同样采用安德森等(2013)的方法,生成步骤同第三章第四节所述,唯一的区别是随机数的选择区间由[0,1000]变为了[l, r]。

我们注意到,每生成一次均值我们就可以得到三条供应链各自的订货和批发价决策，将其代入相应的期望利润函数，借助此前生成的离散需求分布，可以求出该次仿真下三条供应链成员的利润。为降低数值结果的随机性，每种仿真我们均进行10000次，以10000次仿真结果的平均值作为对比参考。在以下仿真中，我们统一以PE表示股权投资者、R表示零售商、S表示供应商。

以融资额的变化为参考，令$B \in [10,8000]$，其他参数取值同表4.3，我们得到以下仿真结果。

观察图4.5我们发现，一方面，作为股权投资者，PE并没有太强烈的意愿获取更多的市场需求信息，对其最有利的信息是需求的均值，尤其是当投资额较大时，均值信息的优越性更加明显。若投资额较小，拥有均值还是上下界信息对PE而言没有太大区别，但在已有基础上去获取更多的信息总是对PE不利的。另一方面，作为融资方，零售商也是在需求信息较少的时候能获取更多的经济效益。这表明在零售商股权融资过程中，存在一种市场需求"价值消散"现象：获取过多的市场需求信息其价值反而更低。究其原因，是因为在信息对称的情况下，更多的需求信息只会使供应商通过提高批发价来榨取零售商的利益。有意思的是，只拥有均值信息是供应商最不愿意看到的情况，因此股权投融资者与供应链核心企业在对于需求信息的获取方面，有着矛盾冲突。此外，当市场需求信息较多时，PE与零售商的最优股权投融资额也会更低。

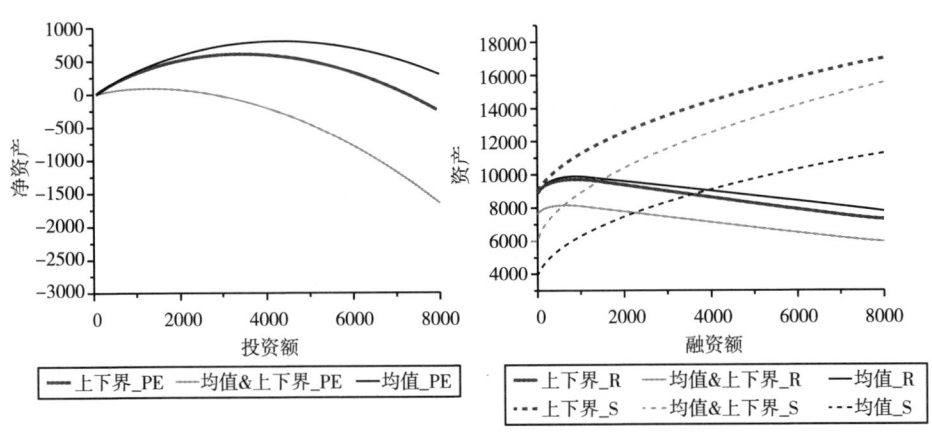

图4.5 不同投融资额下的市场需求对比

融资额是助推企业快速成长的外部动力，作为成长型企业，决定其能否快速成长的另一个关键因素则是自身的成长性，下面我们将考虑企业在不同的成长性下不同市场需求信息的对比。令 $\beta \in [1,20]$，其他参数设置同表4.3，仿真结果如图4.6所示。

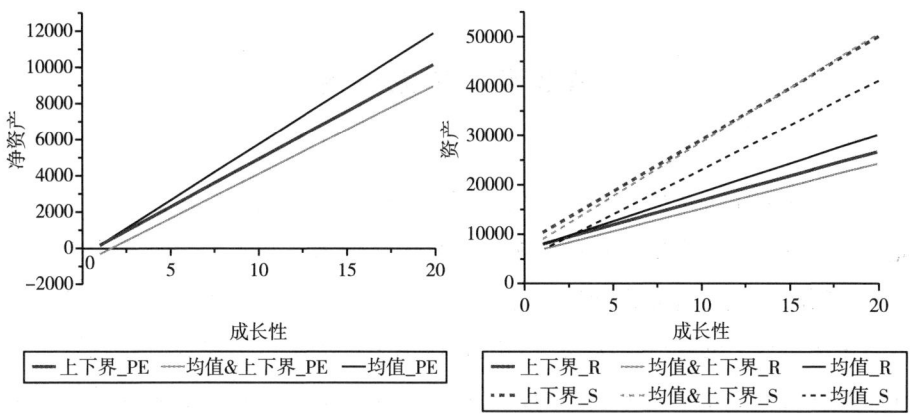

图4.6　不同成长性下的市场需求对比

对 PE 而言，仍然是信息较少时更有利。除了当零售企业的成长性很低时获取上下界信息对 PE 更有利之外，在大多数情况下，追求均值信息仍然是 PE 最好的选择。对零售商而言同样有着类似的性质，市场需求的"价值消散"现象依然存在。在三种市场需求情况下，要达到相同的资产规模，上下界或者均值情况所需要的企业成长性门槛比均值与上下界情况更低，更有利于企业的发展。作为供应链的主导者，供应商却总是不希望只获得均值信息，更加看重的是需求的上下界信息。当零售企业的成长性较高时，信息越多，对供应商越有利。另外，成长性好的企业进行股权融资总是能给投融资双方以及供应链带来更高的经济效益。

通过上述仿真我们发现，零售商在股权融资过程中存在一种市场需求"价值消散"现象，使得在拥有市场需求的均值与上下界信息的情况下，零售商和 PE 的资产规模比拥有上下界或者均值信息的情况更低。造成这种现象的根本原因在于信息对称以及供应商占主导的供应链结构，在这种情况下，供应商可以得到零售商获取的任何市场需求信息，然后凭借其主导的供应链地位，制定新的符合自身利益最大化的批发价格。不难发现，这种权利结构是一种无效率的供应链体系，严重削弱甚至改变了信息对供应链价值的促进作用。因此，要实现更高的供应链效益，提升供应链成员以及股权投资者的价值，供应商必须做出适当的让权和让利。

第五节 本章小结

本章研究了市场信息严重缺失情况下，选择不同的需求信息对成长型企业股权融资以及供应链运作的影响，对此，我们考察了不同市场需求下企业股权融资时的供应链运作问题，通过比较上下界、均值与上下界以及均值这三类市场需求下的供应链决策与利润，揭示了市场需求信息在股权投融资过程以及供应链运作中的重要作用，使得成长型企业可以在信息缺失的情况下有针对性地捕获市场需求，促进企业快速发展。主要结论有：

首先，在企业股权融资过程中，存在一种市场需求"价值消散"现象。通过三种市场需求情况下的对比，我们发现无论是拥有上下界去追求均值信息，还是拥有均值去追求上下界信息，都会降低投融资双方的资产规模。"价值消散"现象的存在使得PE和融资方的股权投融资行为总是倾向于在市场需求信息较少时发生，没有进一步捕获市场需求信息的动力，我们认为主要原因是供应商的强势地位会过度占据企业获取信息带来的额外收入。事实上，从本章推论4.2中可以发现，虽然成长型企业在扩展市场的时候供应商不会提高批发价，但是当企业获取更多信息的时候，由于信息对称，供应商可凭借其供应链主导者的地位来提高批发价，占据下游成长企业的利益。另外，在大多数情况下，捕获均值信息是投融资双方的最优选择，只有当企业的成长性很低时，捕获上下界信息才会优于均值信息。

其次，在只有上下界或者均值的情况下，PE以及成长型企业的股权投融资额更高，企业的成长门槛更低。我们发现，在拥有均值或者上下界信息的时候，PE以及企业的股权投融资额高于同时拥有均值与上下界信息的情况。特别是只有市场需求的均值信息时，PE与企业的最优投融资额最高。另外，要达到相同的资产规模，市场需求信息较少情况下所需要的企业成长性更低，这大大降低了股权融资所需要的成长性门槛，使得成长性较低的企业也有获得较好发展机遇的可能。总体而言，只获取均值信息对投融资双方最有利。

最后，股权投融资双方与供应链核心企业在获取市场需求信息方面存在矛盾冲突。从上面的结论已经可以发现，股权投融资双方与供应商在关于信息获取的诉求方面，有着显著的差异性。投融资双方倾向于只获取市场需求的均值信息，而供应商则总是希望获取市场需求的上下界信息，这与各方主体的供应链地位有关。作为成长型企业股权融资的既得利益者，供应商应做出适当让利，否则企业只会捕获均值信息，而这将是供应商最不愿意看到的情况。

尽管本章考虑了市场需求的选择对企业股权融资以及供应链运作的影响，发现了股权融资过程中市场需求的"价值消散"现象，为企业在快速成长过程中信息缺失情况下选择更有利的信息提供了有效的参考，进一步拓展了供应链金融的理论研究范畴。但是本章并没有考虑融资企业的努力水平与股权融资行为之间的相互影响，同时，企业在快速成长过程中所面临的风险不仅仅是需求风险，更有高度的成长风险，主要表现为企业付出努力带来的需求增量具有随机性。另外，有些融资企业的关注点并不仅仅在于利润的增长，而是如何快速而有效地占领市场，故以市场占有率为目标的股权融资问题也是一个值得深入探讨的话题，有待后续研究进一步拓展。

第五章 成长型企业股权融资对赌业绩目标设置分析

第一节 引　　言

2016年3月，我国著名的影视文化公司小马奔腾因对赌失败而被判以6.35亿元回购建银文化所持有的15%股份，公司陷入了巨大的危机[①]。对赌协议（也称估值调整机制）是投资方与融资方为了达成投融资协议所附加的对未来不确定情况的一种约定，在约定到期后根据企业运营的实际绩效调整原来的投融资条件。股权投融资双方由于自身立场、所处环境以及对契约和风险的看法不同，在对企业进行投资估值时往往存在较大差异，甚至产生矛盾冲突，对赌协议的主要作用便是化解投融资双方因估值不一致而产生的矛盾。对赌协议在国外的资本市场已经得到广泛运用，而受蒙牛、雨润食品等企业因对赌成功给企业带来巨大利益的影响，对赌协议在国内的股权投资项目中也开始被大量使用，36氪数据显示，我国有23%的VC/PE投资项目使用了对赌。然而，我国实践中的"十赌九输"暴露出对赌协议在机制设计上缺乏科学依据的问题。企业急于发展，一味追求高估值与高额融资而在对赌时与投资方约定不切实际的高业绩目标，当无法完成业绩目标时企业将面临巨额的赔偿。永乐、太子奶、飞鹤等企业就因设置了过高的对赌业绩目标而导

---

① 小马奔腾上市对赌失败，被裁决6.35亿元回购战略投资股份 [OL]．36Kr，https：//36kr.com/p/1721050775553，2016-03-16．

致对赌失败，给投融资双方都带来巨大损失。此外，设置了过高业绩目标的对赌协议其效力也难以得到法律认可，在我国著名的"对赌第一案"中就因投资方与目标公司的对赌协议中设置了脱离公司经营业绩的对赌目标而被最高人民法院判定为无效协议，但是在该案的审判中并没有给出判定业绩目标过高的依据。因此，如何科学地设置对赌业绩目标为股权投融资保驾护航，避免投融资双方之间的冲突，是投融资双方在签订对赌协议时必须慎重考虑的问题，同时也是法院值得关注的问题。

价值是衡量市场经济的决定性维度，一家公司为其股东创造价值的能力与价值创造的多少是评估其价值的关键要素（Koller et al., 2010）。然而在不同的买方之间以及在买方与卖方之间，公司的价值是不同的（Fernandez, 2007）。邦塞尔和米图（Bancel and Mitto, 2014）通过调查研究指出基于估值理论得到的企业价值与企业实际价值存在差距，所以股权投资机构与企业在企业估值上的不一致会导致冲突。伊扎基（Yitshaki, 2008）认为这种冲突是投融资双方对风险以及合同安排持不同观念所引起的，是双方关系中的固有属性，应建立一种机制来缓解矛盾。因此，对赌协议作为化解这类因估值不一致而导致的冲突的调节机制应运而生。关于对赌协议的研究目前主要集中在两个方面。一方面是从法律层面探讨对赌协议的合法性。学者们普遍认为对赌协议属于射幸合同，不违反等价有偿原则且体现了双方的"意思自治"（谢海霞，2010），协议双方具有利益一致性，同时对赌协议是基于科学的预测而非主观盲目订立（杨宏芹和张岑，2013），因此，对赌协议应当具有合法性。但应该加强监管，防范风险，严格规范对赌协议的类型，提高企业估值标准的科学性和国际化（王云霞，2013）。然而，也有学者认为对赌协议并不是一种射幸合同，但只要不损害社会公共利益，不违反法律、法规的强制性规定，仍然是合法的（杨明宇，2014）。另一方面随着对赌协议所受关注度的提升，学者也开始站在企业的角度来研究对赌协议。对赌协议除了作为投资方资金安全的保障手段，还对融资方在资金的使用方面起着督促、激励的作用。现代激励理论认为股权激励作为一种激励机制，能够降低代理成本，使员工利益与股东利益趋于一致，从而促使员工最大限度为股东利益工作并减少道德风险（陈艳艳，2015），而高管激励对企业的绩效存在着正向关系（吕新军，2015）。张波等（2009）发现当企业管理层的风险偏好是中性的时候，对赌协议是一种能够有效保护投资者收益和激励管理层的最优制度安排。项海容等（2009）利用契约理论论证了对赌协议确实对企业家存在激励效应，但不同难度的对赌目标对企业家的激励效应是不同的。因此，投融资双方在签订对赌协议时应充分注意业绩目标的设置问题。关于此问题已有学者进行了初步的探究。程继爽和程锋（2007）认为设定合理的对赌标准是实现双赢的关键途径。而林畅杰（2014）通过财务学中的可持续增长模型分析，得出对赌协议可能促使企业采用激进的筹资战略，引发企业的盲目扩张，因此对赌必须制定合理的增长目标，进行理性的经营扩张。肖菁（2011）则以案例分析的方式指出，企业应该通过正确评价已实现的财务业绩，进而合理预测未来的财务业绩，制定一个相对容易或难度适中的财务绩效目标，以实现激励管理层和员工的目的，带动企业活力，提高业绩。

已有研究通过实证、案例分析以及建立财务模型等方式就对赌协议进行研究，揭示了设置合理的对赌业绩目标对投融资双方的重要性，但并没有在供应链视角下考察业绩目标的设置问题。供应链不仅是一条连接从供应商到用户的物流链、信息链、资金链，更是一条增值链，股权投资机构在进行投资时会更多地考虑供应链的影响。正如汤普金斯国际（Tompkins International）的CEO吉姆·汤普金斯（Jim Tompkins）提出的那样，在如今的私募股权投资行业，对投资公司更重要的是如何创造经营利润，增加股东价值，并改善供应链，供应链合作与运营在企业股权融资过程中的重要性正逐渐显现。对赌是股权融资中的一个重要问题，从永乐、太子奶、飞鹤乃至本章研究的"海富投资案"对赌失败的经验教训中可以总结发现，对赌问题仅仅被看成了一个企业估值调整手段和资本运作问题，我们认为企业的价值评估本身与价值创造和价值实现密不可分。从本质上讲，对赌作为一种估值调整手段就是为化解企业价值评估与价值创造发生偏离时所产生的矛盾冲突而出现的，而现代企业发展已脱离了单打独斗的时代，价值的创造依赖多企业之间多阶段的合作，这正是供应链的起源，而价值实现又依赖着供应链的供需匹配能力，供应链已成为联系企业成长性、企业价值评估、企业融资意愿和企业控制权的主要企业组织。因此要保证业绩目标设置的合理性，使股权投融资双方顺利合作乃至实现共赢，基于当前供应链环境将对赌业绩目标的设置问题与企业的生产运营过程结合起来是势在必行的。

本章从企业生产运营的角度考察了供应链节点企业在股权融资过程中签订对赌协议时业绩目标的设置问题。通过分析"对赌第一案"的审理过程，以报童模型为基础建立了"对赌报童模型"，发现了同时符合投融资双方利益的业绩目标范围——协作绩效区间。不但为法院判定对赌业绩目标设置是否合理提供了理论依据，更为化解投融资双方矛盾冲突、实现合作乃至多方共赢打下了基础。

第二节 案例分析

"海富投资案"被称为我国"PE 对赌第一案"[①]，股权投融资双方之间有着激烈的矛盾冲突，此案审判历时长达三年，所涉审级之多、影响之深，在我国的 PE 投资实践中实属罕见，极具研究价值。而在关键的最高人民法院再审中，最高法以对赌协议约定的收益"脱离了世恒公司的经营业绩，损害了公司利益和公司债权人利益"为由最终确定该对赌条款无效[②]，为我们留下了极大的研究空间。

一、案情简介

2007 年 11 月，甘肃众星铸业有限公司（后更名为甘肃世恒有色资源再利用有限公司，以下简称"世恒公司"）引入苏州工业园区海富投资有限公司（以下简称"海富公司"）对其进行股权投资，投资关系如图 5.1 所示。

---

① 中国 PE 对赌第一案引发的争议 [OL]. 新华网, http://news.sohu.com/20120821/n351160720.shtml, 2012 - 08 - 21.
② 苏州工业园区海富投资有限公司与甘肃世恒有色资源再利用有限公司、香港迪亚有限公司、陆波增资纠纷案 [J]. 中华人民共和国最高人民法院公报, 2014 (8): 34 - 39.

| 成长型企业股权融资的供应链鲁棒运营分析 |

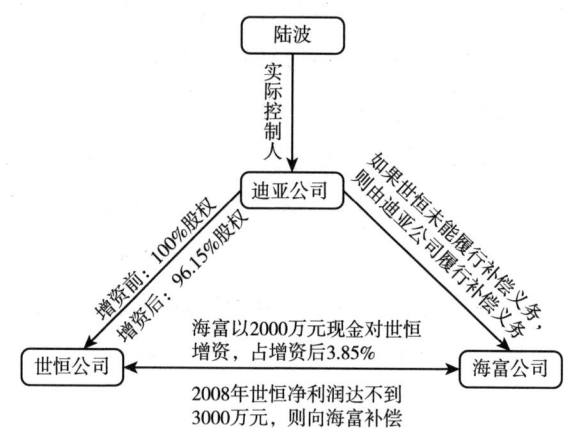

图 5.1 "对赌第一案"投资关系

资料来源:最高人民法院民事判决书(2012)民提字第 11 号。

在世恒公司及其全资大股东香港迪亚有限公司(以下简称"迪亚公司")以及法定代表人陆波与海富公司签订增资协议书的同时,四方还签署了对赌协议,对赌主要内容见表 5.1。

表 5.1　　　　　　　　　"对赌第一案"对赌详情

约定时间	对赌标的	补偿方式	补偿数额	所属条款
2008 年底	业绩承诺:净利润实现 3000 万元	现金补偿:海富公司有权要求世恒公司予以补偿,如果世恒公司未履行补偿,海富公司有权要求迪亚公司履行补偿义务	补偿金额=(1-2008年实际净利润/3000万元)×本次投资金额	《增资协议书》第七条第(二)项
2010 年 10 月 20 日	上市承诺:在规定时间内实现上市	股份回购:海富公司有权要求迪亚公司回购海富公司持有之世恒公司全部股权	若世恒公司年化收益率高于10%,取其所有者权益账面价值;否则,取原始投资额加10%的年利率	《增资协议书》第七条第(四)项

资料来源:最高人民法院民事判决书(2012)民提字第 11 号。

2008 年,世恒公司的净利润只有 2.68 万元,远远没有达到对赌约定的业绩目标,而世恒公司拒绝向海富公司履行对赌协议约定的补偿义务,最终被海富公司起诉至兰州市中级人民法院。

二、法院观点分析

此案的争议焦点为：（1）《增资协议书》第七条第（二）项内容是否具有法律效力；（2）如果有效，世恒公司、迪亚公司、陆波是否应承担补偿责任。根据《最高人民法院民事判决书（2012）民提字第 11 号》文件可知，此案审判过程中的法院主要观点如下：

一审法院认为，《增资协议书》第七条第（二）项不符合"企业净利润根据合营各方注册资本的比例进行分配"的规定，损害了公司利益及公司债权人的利益，协议无效，世恒公司、迪亚公司、陆波不承担补偿责任。

二审中，甘肃省高级人民法院认为《增资协议书》第七条第（二）项的约定违反了投资领域风险共担的原则，应属无效约定。而海富公司除已计入世恒公司注册资本的资金性质应属名为投资，实为借贷，世恒公司与迪亚公司应共同返还海富公司 1885.2283 万元及占用期间的利息。

最高人民法院认为，《增资协议书》第七条第（二）项的约定使得海富公司的投资可以取得相对固定的收益，该收益脱离了世恒公司的经营业绩，损害了公司利益和公司债权人利益，故该约定无效。同时，二审法院认定海富公司的投资"名为投资实为借贷"没有法律依据，应予以纠正。而在《增资协议书》中，迪亚公司对于海富公司的补偿承诺是有效的。

在此案的审理过程中，最关键的地方是法院认为《增资协议书》第七条第（二）项的约定脱离了世恒公司的经营业绩，即对赌的业绩目标设置过高，从而判定该项协议无效。然而什么样的业绩目标是脱离企业经营业绩的，最高法院并没有给出明确的判定准则，如果一味地降低业绩目标，反过来又会对投资方不利，打击投资方的投资积极性。因此，如何通过科学的手段给出一个同时有利于投融资双方的业绩目标，解决投融资双方的矛盾，对促进股权投融资顺利进行以及投融资双方的战略合作有着非凡的意义，同时也能为今后的法律审判提供科学的参考依据。

第三节 基本假设与基准模型

本章关注的"世恒公司"是一家制造型成长企业,制造企业面临随机的市场需求 ξ,其概率密度函数为 f,累积分布函数为 F。企业以单位成本 c 向上游供应商订购能满足生产量为 q 的原材料,并以单价 p 向市场销售。处于扩张期的制造企业面临较好的市场机遇,可以通过付出努力拓展市场,因资金缺乏而引入私募股权投资机构(PE)进行增资,并与其签订对赌协议(估值调整机制)来作为投资方的一种投资保障手段和融资方的激励手段,以便最终根据企业运营的实际绩效调整原来的投资条件,重新划定双方利润边界。

一、模型假设及参数设定

假定企业融资时处于扩张期,此时尚未 IPO,且融资之后,产品的销售价格不变,企业实际运营的决策权仍由原股东控制。事实上,即使 PE 的股份占比超过企业原股东,融资方也可以通过一致行动协议、投票权委托等方式使其仍拥有企业实际运营的控制权。企业的估值方法有很多种,传统的估值方法有成本法(Notaro and Paletto,2012)、收益法以及市场法。对于成本法而言,同类企业只要原始投资额相同,无论效益好坏,其估值都相同,甚至效益差的企业估值高于效益好的企业,无法体现成长性给企业带来的好处,与我们的选题不符,故不予以采用。收益法包括现金流折现法(Vimpari and Junnila,2014;Bonazzi and Iotti,2016)、经济增加值法(Reddy et al.,2011)、股利折现法(Ivanovski et al.,2015)等,是从企业获利能力的角度衡量企业的价值,建立在经济学的预期效用理论基础上,评估结果非常适合投资者作为"经济人"所具有的投资理念,但由于收益法实施的最关键步骤是对未来营销年度的有关现金流进行解析和估算,所以该方法常见于多周期的财务模型。市场法包括可比公司法(Alford,1992)以及可比交易法（Corvello，2013）等，考虑到本章采用了单周期的报童模型，且世恒公司属于传统制造业，企业资产大部分为实物资产，因此采取了可比企业分析法中的净资产估值法，以同行业上市公司的平均市净率对企业进行估值。这种方法适用于绝大多数企业，并且净资产账面价值数据容易获取且稳定，不易被人操纵。模型不考虑融资成本与税收，本章其他假设如下：

（1）制造企业风险中性，追求自身期望资产最大化。企业的发展有不同的阶段，从种子期、初创期到成长期、扩张期以至于成熟期、衰退期，不同阶段有不同的发展目标。企业创立初期，关注更多的是市场前景、市场份额的占领等问题，对于处于扩张期的企业，市场份额固然重要，但管理者更关注的是如何通过科学的经营方式使企业有效乃至高效的运营，进而提升企业净利润、净资产，以尽快满足IPO条件，使企业实现跨越式发展。

（2）制造企业在融资之前，其自有资金 η 能满足当前的运营，即 $\eta \geq cq$。但是当企业开拓市场时，自有资金无法满足新增的订货成本以及市场开拓成本而向股权投资机构融资。

（3）制造企业的融资额 B 外生，且融资额足以满足企业进行市场开拓及开拓后的运营，多余资金计入企业资本公积。投资者投多少钱并不是由企业决定的，而是由投资方决定，若单个投资者所投资金不足以使企业进行充分的市场扩张，制造企业会考虑继续增资扩股，所以此处我们假定制造企业从单个投资者获取足够多的资金对模型不会有本质的影响。

本章其他参数设定如下：

A：制造企业融资之前的固定资产；

α：使用市净率估值法对企业进行估值的估值水平；

β：制造企业的市场成长因子，$\beta > 0$，值越大表明该企业成长性越好；

$1/2se^2$：制造企业的努力成本函数，其中 s 为努力成本参数，且 $s > 0$；

M：投融资双方对赌约定的融资方应实现的净利润业绩目标；

φ：融资方用于扩展市场的资金占融资额的比例；

r：无风险利率。

二、基准模型

考虑图 5.2 所示具有完全信息且市场需求随机的报童模型，在这样一个不考虑缺货惩罚以及商品残值的经典报童模型中，市场需求 ξ 的累积分布函数 F 已知，单位商品的成本和销售价格分别为 c、p。风险中性的制造商（报童）需要制定最优的生产量 q_{nv}^* 以最大化其期望利润，即有如下优化目标：

$$\max_q E[\pi_{nv}(q)] = \max_q E\left[p\int_0^{+\infty}\min\{q,x\}dF(x) - cq\right] \quad (5.1)$$

图 5.2　经典报童订货模型流程

目标函数可以变形为：$E[\pi_{nv}(q)] = (p-c)q - p\int_0^q F(x)dx$，易证，目标函数是关于订货量 q 的一个凹函数，经过简单计算，可以得出制造商的最优订货量为：

$$q_{nv}^* = F^{-1}\left(\frac{p-c}{p}\right) \quad (5.2)$$

对应的期望利润为：

$$E[\pi_{nv}(q_{nv}^*)] = (p-c)F^{-1}\left(\frac{p-c}{p}\right) - p\int_0^{F^{-1}\left(\frac{p-c}{p}\right)} F(x)dx \quad (5.3)$$

第四节　PE 与制造企业的对赌模型

处于扩张期的制造企业基于对市场业务的熟悉和市场需求信息的了解，能够发现新的市场机遇，并可以通过付出努力来拓展市场，扩大商品的需求。

新的市场需求可以表示为：

$$D = \xi + \beta e \tag{5.4}$$

显然，制造商决策的产量 $q \geq \beta e$，而制造企业进行市场开拓时，面临市场开拓成本以及为满足需求增加而扩大产能所带来的成本，故在自有资金仅能满足市场开拓之前运营需求的情况下，制造企业因资金不足向 PE 融资，融资额 B 外生，由 PE 决定，但至少能保证企业有足够的资金用于开拓市场，即：$\varphi B \geq cq + 1/2 se^2 - \eta$。而在对企业估值时，采用市净率估值法，取其行业估值水平 α，故融资后，制造企业原股东的持股比例为：

$$\frac{\alpha(A+\eta)}{\alpha(A+\eta)+B}$$

PE 的持股比例为：

$$\frac{B}{\alpha(A+\eta)+B}$$

由于企业未来的经营状况有很大的不确定性且投融资双方信息可能不对称，即使制造企业有很好的成长性，PE 仍会承受较大的风险，为了调整成长型企业与股权投资机构由于风险太大和信息不对称所造成企业估值不准确（或不一致），在投资的同时，PE 与制造企业签订对赌协议，使投融资双方可以根据制造企业运营的实际绩效调整原来的投资条件。

据此，本章以"海富投资案"为背景，考虑以净利润为标的，以现金为补偿形式的单向对赌协议，对赌具体内容如下：在约定时间内（此处以一个销售周期为约定时间），若制造企业的净利润低于 M，则企业应向 PE 以现金的方式进行补偿，补偿金额为：$\left(1-\dfrac{\pi}{M}\right)B$，其中 π 为制造企业的实际经营净利润；若制造企业的净利润高于 M，则无需向 PE 补偿。

制造企业的决策者在制定策略时会将对赌对其影响也加入权衡，但是对赌的输赢只有在销售期期末才能知道，无法事先给出，所以此处我们假定决策者以期望净利润 $E[\pi]$ 来作为对对赌结果的预期，并制定策略。

对赌具体流程如图 5.3 所示。

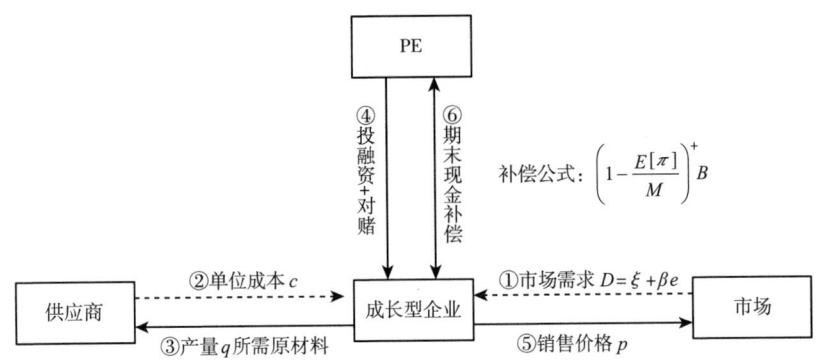

图 5.3 现金对赌流程

注意，当 $a \geq 0$ 时，$(a)^+ = a$；当 $a < 0$ 时，$(a)^+ = 0$。

融资后，制造企业的期望净利润为：

$$E[\pi(q,e)] = E[p\min\{q, \xi+\beta e\} - cq - 1/2se^2]$$
$$= p\int_0^{+\infty} \min\{q, x+\beta e\} dF(x) - cq - 1/2se^2$$
$$= (p-c)q - p\int_0^{q-\beta e} F(x)dx - 1/2se^2 \quad (5.5)$$

企业的期望总资产为：

$$E[\pi_{TA}(q,e)] = A + \eta + B + (p-c)q - p\int_0^{q-\beta e} F(x)dx - 1/2se^2 \quad (5.6)$$

在式（5.6）中，A 为制造企业的固定资产，η 是融资前企业的自有资金，B 为制造企业的融资金额，$(p-c)q - p\int_0^{q-\beta e} F(x)dx - 1/2se^2$ 是企业销售所得净利润，其中 cq、$1/2se^2$ 分别是企业的订货成本与努力成本。制造企业原股东与 PE 按各自的股权比例共同享有企业资产。

本章基于报童模型研究股权融资下投融资双方的对赌业绩目标设置问题，对此，我们需要先就 PE 与企业对赌情况下企业的最优决策进行分析，然后再根据得到的最优决策来探讨对赌业绩目标的设置问题，着重分析合理业绩目标的范围及其影响因素。

一、PE 与制造企业对赌

在对赌约定的时间到期之后，投融资双方会根据企业是否实现约定的业绩目标来重新调整投融资双方的利益结构，因此，制造企业原股东的期望资产 $E[\pi_M]$ 为：

$$E[\pi_M(q,e)] = \frac{\alpha(A+\eta)}{\alpha(A+\eta)+B} E[\pi_{TA}(q,e)] - \left(1 - \frac{E[\pi(q,e)]}{M}\right)^+ B \quad (5.7)$$

式（5.7）中 $\left(1 - \frac{E[\pi(q,e)]}{M}\right)^+$ 取值的大小对应着企业对赌的输赢，若企业赢得了对赌，则取值为零，若企业输了对赌，则取值为正。

PE 的期望资产为：

$$E[\pi_{PE}(q,e)] = \frac{B}{\alpha(A+\eta)+B} E[\pi_{TA}(q,e)] + \left(1 - \frac{E[\pi(q,e)]}{M}\right)^+ B \quad (5.8)$$

根据双方资产的表达式，我们得到如下命题。

命题 5.1 当制造企业无法完成对赌约定的业绩目标时，原股东的资产会随着业绩目标 M 的增大而降低，而 PE 的资产则相应的增加。

在假定融资不影响企业控制权的情况下，制造企业原股东的决策目标是通过制定最优的生产量和最优努力水平来最大化其期望资产，即：

$$\max_{q,e} E[\pi_M(q,e)] \quad (5.9)$$

下述定理给出了原股东制定的最优订货量以及最优努力水平。

定理 5.1 PE 与制造企业对赌时，原股东制定的最优订货量以及最优努力水平为：

$$\begin{cases} q^* = F^{-1}\left(\frac{p-c}{p}\right) + \frac{\beta^2(p-c)}{s} \\ e^* = \frac{\beta(p-c)}{s} \end{cases} \quad (5.10)$$

证明：要求出式（5.9）的最优解，应注意式（5.9）的目标函数可以写作：

$$E[\pi_M(q,e)] = \begin{cases} f_1 = \dfrac{\alpha(A+\eta)}{\alpha(A+\eta)+B}E[\pi_{TA}(q,e)], & \text{当 } E[\pi(q,e)] \geqslant M \\ f_2 = \dfrac{\alpha(A+\eta)}{\alpha(A+\eta)+B}E[\pi_{TA}(q,e)] - \left(1 - \dfrac{E[\pi(q,e)]}{M}\right)B, & \text{其他} \end{cases}$$

根据前面的描述，我们知道 $E[\pi(q,e)] = (p-c)q - p\int_0^{q-\beta e} F(x)dx - 1/2se^2$，$E[\pi_{TA}(q,e)] = A + \eta + B + (p-c)q - p\int_0^{q-\beta e} F(x)dx - 1/2se^2$。显然，对任意满足 $E[\pi(q_1,e_1)] \geqslant M$ 的点 (q_1,e_1)，以及任意满足 $E[\pi(q_2,e_2)] < M$ 的点 (q_2,e_2)，必定有 $f_1(q_1,e_1) \geqslant f_2(q_2,e_2)$。

接下来我们证明 $E[\pi(q,e)]$ 是一个二元凹函数。事实上，由于：

$$\begin{cases} \dfrac{\partial E[\pi(q,e)]}{\partial q} = p - c - pF(q-\beta e) \\ \dfrac{\partial E[\pi(q,e)]}{\partial e} = p\beta F(q-\beta e) - se \end{cases}, \quad \begin{cases} \dfrac{\partial^2 E[\pi(q,e)]}{\partial q^2} = -pf(q-\beta e) \\ \dfrac{\partial^2 E[\pi(q,e)]}{\partial q \partial e} = p\beta f(q-\beta e) \\ \dfrac{\partial^2 E[\pi(q,e)]}{\partial e^2} = -p\beta^2 f(q-\beta e) - s \end{cases}$$

故其 Hessian 矩阵为：

$$\begin{bmatrix} -pf(q-\beta e) & p\beta f(q-\beta e) \\ p\beta f(q-\beta e) & -p\beta^2 f(q-\beta e) - s \end{bmatrix}$$

显然这是一个负定矩阵，所以 $E[\pi(q,e)]$ 是凹函数。使其取最大值的点为：

$$\begin{cases} q^* = F^{-1}\left(\dfrac{p-c}{p}\right) + \dfrac{\beta^2(p-c)}{s} \\ e^* = \dfrac{\beta(p-c)}{s} \end{cases}$$

类似地，我们可以证明在无约束情况下，f_1 与 f_2 的最大值同样在满足式（5.10）的点处取得。

因此，当 $E[\pi(q^*,e^*)] \geqslant M$ 时，$E[\pi_M(q,e)]$ 的最大值在 f_1 的最大值处取得，同式（5.10）所示。

而当 $E[\pi(q^*,e^*)] < M$ 时，则说明对任意的点 (q, e)，都有 $E[\pi_M(q, e)] = f_2$，那么 $E[\pi_M(q,e)]$ 的最大值则应在 f_2 的最大值处取得，仍为式（5.10）所示。

从定理 5.1 可以发现，制造企业的订货量和努力水平跟企业的成长性有正相关关系，而与努力成本呈负相关，此外，单位商品的利润空间越大，订货量越多，企业愿意付出的努力水平也越高。

二、对赌业绩目标的设定

如何设置合理的对赌业绩目标，是对赌双方必须慎重考虑的问题，业绩目标过低，企业可以轻松实现，那么对赌形同虚设，无法起到保护投资方的作用，而过高的业绩目标不但会给融资企业带来巨大的负担，损害企业的利益，而且难以得到法律的认可。为此，我们通过投融资双方各自所能接受的最差条件来推导合理的对赌业绩范围。

首先，对融资方而言，在有对赌协议的情况下，为确保自身利益不受损，应该保证融资与对赌结算之后自身期望资产不低于不融资时正常运营之后的资产，即有：

$$E[\pi_M(q^*,e^*)] \geq A + \eta + E[\pi_{nv}(q_{nv}^*)] \quad (5.11)$$

其次，对投资方而言，在有股权回购条款作为保底的情况下，应保证在对赌结算之后，投资方新增的资产不低于此次投资额的无风险收益，设 r 为无风险利率，则：

$$\frac{B}{\alpha(A+\eta)+B}E[\pi(q^*,e^*)] + \left(1 - \frac{E[\pi(q^*,e^*)]}{M}\right)^+ B \geq rB \quad (5.12)$$

最后，作为出资者，投资方在股权投资以及签订对赌协议时往往占据主导地位，因此我们假定，投资方可以通过提高对赌业绩目标来保证自己在输掉对赌时，在最坏的情况下其新增资产仍大于其无风险收益，即：

$$\frac{B}{\alpha(A+\eta)+B}M \geqslant rB \tag{5.13}$$

因此，根据式 (5.11)、式 (5.12)、式 (5.13)，我们得到如下定理。

定理 5.2 当满足如下条件时，以净利润为标的的对赌协议所约定的业绩目标 M 是同时有利于投融资双方的合理的业绩目标。

(1) 若 $K+K_2 > \dfrac{\alpha(A+\eta)K_3}{B}$，则：

$$rK_1 \leqslant M < K+K_3 \tag{5.14}$$

或

$$\max\left\{K+K_3, \frac{K_1(K+K_3)}{K+K_3+(1-r)K_1}\right\} \leqslant M \leqslant \frac{K_1(K+K_3)}{K+K_2-\dfrac{\alpha(A+\eta)K_3}{B}} \tag{5.15}$$

(2) 若 $K+K_2 \leqslant \dfrac{\alpha(A+\eta)K_3}{B}$，则：

$$rK_1 \leqslant M < K+K_3$$

或

$$\max\left\{K+K_3, \frac{K_1(K+K_3)}{K+K_3+(1-r)K_1}\right\} \leqslant M \tag{5.16}$$

否则，要么是过高的业绩目标，有损融资企业及债权人的利益，要么是过低的业绩目标，不能保证投资方的权益。

其中，$K = (p-c)F^{-1}\left(\dfrac{p-c}{p}\right) - p\displaystyle\int_0^{F^{-1}\left(\frac{p-c}{p}\right)} F(x)dx$，$K_1 = \alpha(A+\eta)+B$，$K_2 = A+\eta+B$，$K_3 = \dfrac{\beta^2(p-c)^2}{2s}$。

证明：定理 5.1 已经给出制造企业的最优订货量以及最优努力水平 (q^*, e^*)。

当 $(p-c)q^* - p\displaystyle\int_0^{q^*-\beta e^*} F(x)dx - 1/2se^{*2} \geqslant M$ 时，融资方赢得对赌。为表

示方便，记作 $K=(p-c)F^{-1}\left(\dfrac{p-c}{p}\right)-p\int_0^{F^{-1}\left(\frac{p-c}{p}\right)}F(x)dx$，$K_1=\alpha(A+\eta)+B$，

$K_2=A+\eta+B$，$K_3=\dfrac{\beta^2(p-c)^2}{2s}$。根据式（5.11）可知，融资方此时关于对赌业绩目标的限制为：

$$\frac{\alpha(A+\eta)}{K_1}[K_2+K+K_3]\geqslant A+\eta+K$$

即制造企业在融资并赢得对赌之后其资产比不融资时正常运营后的资产多，这是一个有良好发展机遇的企业所具有的基本条件，我们视其自然成立。

根据式（5.13）可知，投资方关于对赌业绩目标的限制为：

$$rK_1\leqslant M$$

因此，融资方赢得对赌时合理的对赌业绩目标应满足如下条件：

$$rK_1\leqslant M\leqslant K+K_3$$

当 $(p-c)q^*-p\int_0^{q^*-\beta e^*}F(x)dx-1/2se^{*2}<M$ 时，融资方输掉对赌。根据式（5.11）可知，融资方此时关于对赌业绩目标的限制为：

$$\frac{\alpha(A+\eta)}{K_1}[K_2+K+K_3]-\left(1-\frac{K+K_3}{M}\right)B\geqslant A+\eta+K$$

整理得：

$$B/M(K+K_3)\geqslant\frac{B}{K_1}(K+K_2)-\frac{\alpha(A+\eta)}{K_1}K_3=\frac{B(K+K_2)-\alpha(A+\eta)K_3}{K_1}$$

(5.17)

当 $B(K+K_2)-\alpha(A+\eta)K_3>0$ 时，我们得到此时 M 的上界为：

$$M\leqslant\frac{K_1(K+K_3)}{K+K_2-\dfrac{\alpha(A+\eta)K_3}{B}}$$

根据式（5.12）可知，投资方关于对赌业绩目标的限制为：

$$\frac{B}{K_1}(K+K_3) + \left(1 - \frac{K+K_3}{M}\right)B \geq rB$$

整理得：

$$\frac{K_1(K+K_3)}{K+K_3+(1-r)K_1} \leq M$$

再加上融资方输掉对赌的先决条件：$(p-c)q^* - p\int_0^{q^*-\beta e^*} F(x)dx - 1/2se^{*2} < M$，因此，此时对赌业绩目标的范围为：

$$\max\left\{K+K_3, \frac{K_1(K+K_3)}{K+K_3+(1-r)K_1}\right\} \leq M \leq \frac{K_1(K+K_3)}{K+K_2-\frac{\alpha(A+\eta)K_3}{B}}$$

将融资方赢得对赌和输掉对赌两种情况综合，我们得到如下的绩效区间：

$$r[\alpha(A+\eta)+B] \leq M \leq K+K_3$$

或

$$\max\left\{K+K_3, \frac{K_1(K+K_3)}{K+K_3+(1-r)K_1}\right\} \leq M \leq \frac{K_1(K+K_3)}{K+K_2-\frac{\alpha(A+\eta)K_3}{B}}$$

而当 $B(K+K_2) - \alpha(A+\eta)K_3 \leq 0$ 时，若 $M < K+K_3$，则有：

$$r[\alpha(A+\eta)+B] \leq M < K+K_3$$

否则式（5.17）对任意的 M 都成立，此时协作绩效区间无上界。

根据定理 5.2 可知，当 $B(K+K_2) - \alpha(A+\eta)K_3 > 0$ 时，协作绩效区间由式（5.14）、式（5.15）两式给出，否则，协作绩效区间由式（5.14）、式（5.16）给出。值得注意的是在一定条件下，对赌协议中的业绩目标可以任意大，而融资方仍然愿意向股权投资机构融资。根据对赌协议的补偿公式可知，在不考虑股权回购的情况下，融资方因无法完成业绩目标而向投资方进行补偿时，最多只需补偿投资方所投的全部资金 B，而如果此次融资能够使企业比不融资时多出超过融资额的收益，那么融资对企业仍是利大于弊的。对于成长性很好（β 很大 s 很小）或者估值很高的企业都是有可能出现这种情况的。

在 $B(K+K_2)-\alpha(A+\eta)K_3>0$ 的条件下，根据式（5.14）、式（5.15）两式的性质，我们马上可以得到以下关于定理 5.2 所示绩效区间的推论。

推论 5.1 当 PE 对融资企业的估值 α 增加时，PE 所能接受的最低业绩目标上升，而融资企业所能接受的最高业绩目标也上升，协作绩效区间整体向右移动，且区间扩大。

证明：在 $B(K+K_2)-\alpha(A+\eta)K_3>0$ 条件下，分别对式（5.14）、式（5.15）两边关于 α 求导即可得出协作绩效区间的上下界都增大的结论，我们主要证明协作绩效区间会随着 α 的增加而扩大。注意协作绩效区间由式（5.14）、式（5.15）两式的并集决定，当 $rK_1 \leq K+K_3$ 时，由于

$$\frac{K_1(K+K_3)}{K+K_2-\dfrac{\alpha(A+\eta)K_3}{B}}\Big/rK_1 = \frac{K+K_3}{r(K+K_2)-\dfrac{r\alpha(A+\eta)K_3}{B}},$$

显然会随着 α 的增大而增大，表明上界的增加速度比下界的增加速度快；

当 $rK_1 > K+K_3$，协作绩效区间的上下界完全由式（5.15）决定，由于

$$\frac{K_1(K+K_3)}{K+K_2-\dfrac{\alpha(A+\eta)K_3}{B}}\Big/\frac{K_1(K+K_3)}{K+K_3+(1-r)K_1} = \frac{K+K_3+(1-r)K_1}{K+K_2-\dfrac{\alpha(A+\eta)K_3}{B}},$$

同样随着 α 的增大而增大，即上界增大的速度比下界增大的速度快。

综上所述，协作绩效区间会随着 α 的增大而扩大。

推论 5.2 当 PE 的投资额 B 增加时，PE 所能接受的最低业绩目标上升，而融资企业所能接受的最高业绩目标可能上升也可能下降，但协作绩效区间缩小。

证明：当 $rK_1 \leq K+K_3$ 时，协作绩效区间的下界由式（5.14）中的 $rK_1 = \alpha(A+\eta)+B$ 决定，显然会随着融资额 B 的增加而增大。

将式（5.15）的上界对 B 求导，得：

$$\frac{(K+K_3)\left(K+K_2-\dfrac{\alpha(A+\eta)K_3}{B}\right)-K_1(K+K_3)\left(1+\dfrac{\alpha(A+\eta)K_3}{B^2}\right)}{\left[K+K_2-\dfrac{\alpha(A+\eta)K_3}{B}\right]^2}$$

上式的分子可化为 $(K+K_3)\left(K+K_2-K_1-\dfrac{\alpha(A+\eta)K_3}{B}-\dfrac{\alpha(A+\eta)K_1K_3}{B^2}\right)$，所以当 $K+K_2-K_1-\dfrac{\alpha(A+\eta)K_3}{B}-\dfrac{\alpha(A+\eta)K_1K_3}{B^2} \geqslant 0$ 时，协作绩效区间的上界会随着融资额的增加而增大；而当 $K+K_2-K_1-\dfrac{\alpha(A+\eta)K_3}{B}-\dfrac{\alpha(A+\eta)K_1K_3}{B^2}<0$ 时，协作绩效区间的上界会减小。

由于 $\dfrac{K_1(K+K_3)}{K+K_2-\dfrac{\alpha(A+\eta)K_3}{B}}/rK_1=\dfrac{(K+K_3)}{r(K+K_2)-\dfrac{r\alpha(A+\eta)K_3}{B}}$ 会随着 B 的增加而减小，所以协作绩效区间会缩小。

而当 $rK_1>K+K_3$ 时，协作绩效区间的上下界完全由式（5.15）决定，其中下界：

$$\dfrac{K_1(K+K_3)}{K+K_3+(1-r)K_1}=\dfrac{(K+K_3)}{\dfrac{K+K_3}{K_1}+(1-r)}$$

同样随着 B 的增加而增大。上界的变化情况仍然分两种情况，但是考虑到上下界的差，有：

$$K_1(K+K_3)\left(\dfrac{1}{K+K_2-\dfrac{\alpha(A+\eta)K_3}{B}}-\dfrac{1}{K+K_3+(1-r)K_1}\right)>0$$

所以，

$$K+K_2-\dfrac{\alpha(A+\eta)K_3}{B}<K+K_3+(1-r)K_1$$

将 $\dfrac{1}{K+K_2-\dfrac{\alpha(A+\eta)K_3}{B}}-\dfrac{1}{K+K_3+(1-r)K_1}$ 关于 B 求导，得：

$$-\dfrac{1+\dfrac{\alpha(A+\eta)K_3}{B^2}}{\left[K+K_2-\dfrac{\alpha(A+\eta)K_3}{B}\right]^2}+\dfrac{1-r}{[K+K_3+(1-r)K_1]^2} \tag{5.18}$$

由于 $K+K_2-\dfrac{\alpha(A+\eta)K_3}{B}<K+K_3+(1-r)K_1$，所以式（5.18）小于零，故无论协作绩效区间的上界是增大还是减小，协作绩效区间都会缩小。

推论5.3 融资企业的市场成长因子 β 越大，PE 所能接受的最低业绩目标越高，而融资企业所能接受的最高业绩目标也越高，协作绩效区间向右移动且区间扩大。

证明：式（5.14）所示区间的上下界都跟成长因子 β 无关，所以我们只考察式（5.15）所示的上下界的变化情况。易证，在 $B(K+K_2)-\alpha(A+\eta)K_3>0$ 的条件下，式（5.15）中的上下界都随着 β 增加而增加，故我们证明协作绩效区间随着 β 的增加而扩大。为此考察

$$\dfrac{K_1(K+K_3)}{K+K_2-\dfrac{\alpha(A+\eta)K_3}{B}} \bigg/ \dfrac{K_1(K+K_3)}{K+K_3+(1-r)K_1} = \dfrac{K+K_3+(1-r)K_1}{K+K_2-\dfrac{\alpha(A+\eta)K_3}{B}}$$

显然，随着成长因子 β 的增加，上述比值也会增加，故协作绩效区间会扩大。

关于推论5.1、推论5.2、推论5.3的原理解释我们放到第五节，与各自的数值仿真一起来说明。从上面的定理以及推论可以看出，PE 与企业的对赌并非一定不利于企业及其债权人，只要对赌设置的业绩目标没超过定理5.2给出的上界就是合理的。此外，合理的业绩目标范围受企业的估值、融资额以及成长性等因素影响。

第五节　数值仿真

上述模型从供应链的视角给出了制造企业与 PE 对赌情况下的运营决策，同时发现了能够促进投融资双方合作、实现共赢的协作绩效区间。本节我们通过数值仿真考察：（1）对赌约定的不同业绩目标对投融资双方资产的影响；（2）不同因素对协作绩效区间的影响。

我们以随机生成分布的方式来模拟随机市场需求，具体过程如下：

A. 在区间 [0, 1000] 中随机生成 20 个从小到大排列的整数点 d_1, d_2, ⋯, d_{20};

B. 从区间 [0, 1] 中随机抽取 20 个点 s_1, s_2, ⋯, s_{20}, 并通过如下正则化过程将其变为概率:

$$\rho_i = \frac{s_i}{\sum_{i=1}^{20} s_i} \quad (5.19)$$

这样我们得到一个取值为 d_1, d_2, ⋯, d_{20}, 对应的概率为 ρ_1, ρ_2, ⋯, ρ_{20} 的离散化需求分布。

为便于比较，仿真所有数据单位统一取"1"，仿真基本参数设置见表 5.2。

表 5.2　　　　　　　仿真基本参数

p	c	s	A	α	β	B	θ
30	20	3	5000	3	6	4000	1

一、业绩目标对投融资双方资产的影响

首先我们探讨对赌协议中业绩目标的高低对投融资双方有何影响。仿真步骤如下所示。

（1）作 m（此处取 $m=10000$）次循环，每次循环都按照上面的方式生成一个离散的随机市场需求。

（2）在已经生成随机市场需求分布的情况下，从 [0, 12000] 中均匀地取 $t+1$（此处取 $t=20$）个点，作为对赌业绩 M 的变化值，其中对赌业绩变化区间的取法并没有严格规定，只要能反映其从过小到过大这个过程即可。然后利用已经制定出的最优决策来模拟销售过程，分别求出零售企业不融资与融资的资产以及 PE 的资产。

（3）对 1 万次循环得到的结果取平均值，画图比较。

仿真结果如图 5.4 所示，其中 TA_{nv}、TA_M 分别表示制造企业不融资与融资

第五章 成长型企业股权融资对赌业绩目标设置分析

情况下在销售期期末的总资产，TA_{PE}、Net_{PE}则分别表示 PE 在销售期期末的总资产与扣除融资额后的"净资产"。

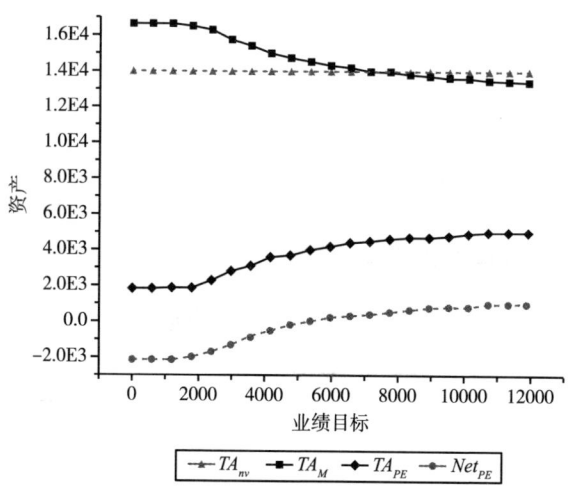

图 5.4　对赌业绩目标对投融资方资产的影响

从图 5.4 中可以发现：

第一，正如命题 5.1 所述，当制造企业无法完成对赌约定的业绩目标时，其整体资产会随着业绩目标的提高而降低，而 PE 的资产会随着业绩目标的提高而增加。

第二，当对赌约定的业绩目标过高时，企业融资之后的期望资产会低于不融资正常运营的期望资产，表明过高的对赌业绩目标会给融资企业带来负效应，严重制约企业的发展，这样的融资反而对企业不利。

第三，当对赌约定的业绩目标过高时，PE 在对赌结算之后的净资产大于零，意味着 PE 在持有制造企业股份的前提下，仅仅一个销售周期就能收回成本。相应地，若对赌设置的业绩目标过低，PE 则必须通过长期持有制造企业的股份才有可能收回其成本，显然对于追求短时间内获取高回报的私募股权投资机构来说是不可取的。

第四，存在一个协作绩效区间，使得股权融资既能给融资方带来好处，又能保证投资机构可以获取足够的利益。

二、影响协作绩效区间的因素分析

本小节我们主要考察估值、融资额以及企业成长性对协作绩效区间的影响，PE 的无风险利率统一取 $r=0.1$。

（一）估值对协作绩效区间的影响

除估值 α 外，其他参数设置同表 5.2，不同估值水平下协作绩效区间的变化情况如图 5.5 所示，其中 H 和 L 分别表示绩效区间的上下边界线。

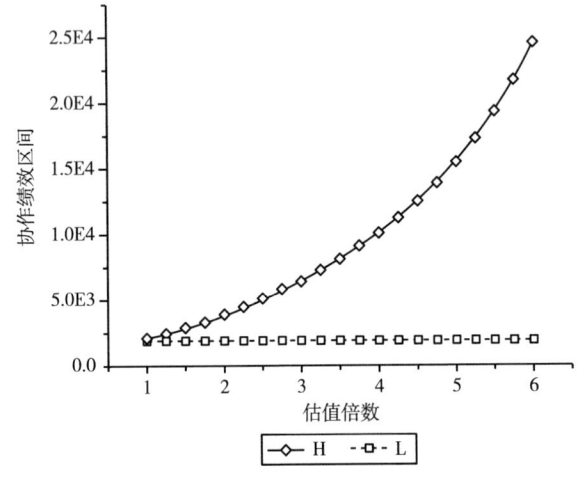

图 5.5 估值对协作绩效区间的影响

从仿真结果我们可以发现正如推论 5.1 中所述，在其他参数不变的情况下，协作绩效区间会随着估值的提升而向"右"移动，同时由于估值的提升带给企业更大的好处，协作绩效区间在向右移动的过程中会逐渐扩大。事实上，PE 对融资方的估值越高，PE 所承受的风险也会越大，那么为了保证自身利益，PE 往往会制定更高的业绩目标来获取高风险下的高收益。对融资方而言，基于 PE 的高估值，企业获得了更多的溢价，其承担风险的能力也会增加，因此也能接受更高的业绩目标。而协作绩效区间的扩大则表明提升企业估值所带来的企业抗风险能力的增加完全能覆盖因 PE 提高业绩目标所带来的风险,即估值的提升有利于企业的发展。

(二) 融资额对协作绩效区间的影响

除融资额 B 外,其他参数设置同表 5.2,不同融资额下协作绩效区间的变化情况如图 5.6 所示。观察发现,在满足给定的条件下,协作绩效区间会随着融资额的增加而减小。对 PE 而言,其投资额越大所承受的风险也越大,必然会要求有更高的回报来平衡所增加的风险。融资额的变化对融资方资产的影响是一个复杂的过程,一般而言,若能赢得对赌,在一定情况下,融资额的增加对企业原股东更有利。但是一旦融资额超过一定界限,当企业不能赢得对赌时,则融资额越高,对赌结算时融资方需要向 PE 补偿的现金就越多,此时随着融资额的增加,融资方所能承受的最高对赌业绩目标反而下降。

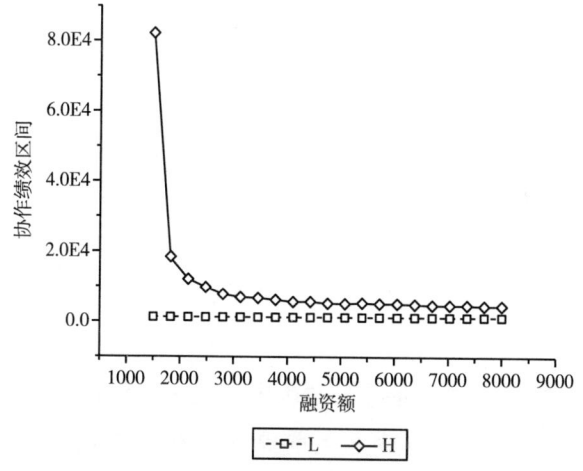

图 5.6 融资额对协作绩效区间的影响

(三) 成长因子对协作绩效区间的影响

除成长因子 β 外,其他参数设置同表 5.2,不同成长因子下协作绩效区间的变化情况如图 5.7 所示。

观察图 5.7 可以发现,正如推论 5.3 所示,无论是 PE 所要求的最低业绩

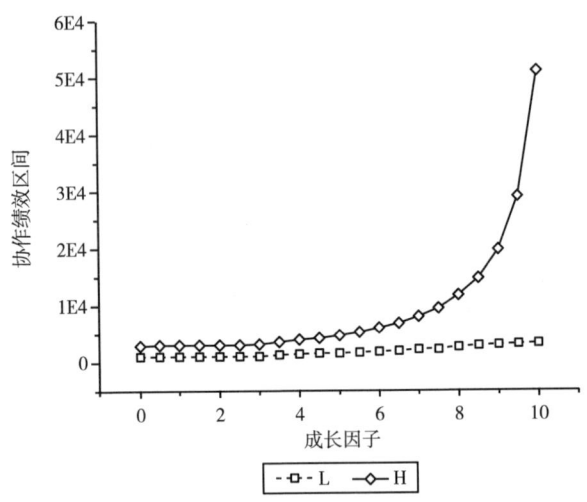

图 5.7 成长因子对协作绩效区间的影响

目标还是融资方能承受的最高业绩目标，都会随着企业成长因子的提高而增大。事实上，由于企业的成长因子高，PE 自然会期望企业有更高的净利润，从而会提高对赌的业绩目标，而较高的成长因子更能使企业通过自身努力实现更多的净利润，有利于企业发展。协作绩效区间扩大同样意味着成长因子高的企业更能适应高业绩目标的对赌。

从上面的仿真结果我们发现，无论哪种参数发生变动，融资企业所受影响比投资方更剧烈，这充分说明投资方比融资方有更强的风险承受能力。实际上，这种单向的对赌协议本身就更侧重于保护投资方，降低其投资风险，这种协议更多的是融资方为促进双方达成投融资协议而做的一种保障承诺。我们的研究正是在保证投资方利益的前提下为融资方也提供一层保护，使投融资双方因合作而共赢。

三、"海富投资案"的数值仿真分析

在我们的模型中，由于市场需求的随机性，企业在销售产品时可能面临着高位的市场需求，也可能会面临处于低位的市场需求，显然在"海富投资案"中，世恒公司很不幸地遭遇了行业灾难，市场需求处于极低位，故而原先的对赌业绩目标对世恒公司而言是过高的。那么根据世恒公司的实际状况，此时的对赌业绩目标应该在什么区间内才是合理的呢？此小节我们通过数值仿真的形式来模拟世恒公司的情况，基于我们通过模型推导出的结论来分析合理的对赌业绩目标。

除估值倍数 α、成长因子 β 以及融资额 B 外，其他参数设置同表 5.2，同时我们将随机市场需求的变动范围缩小，以符合世恒公司的实际遭遇。令 NV 表示世恒公司不融资时以报童模型进行订货决策的期望净利润，NP 表示世恒公司在销售期期末的期望净利润，图 5.8 给出了不同参数下合理的对赌业绩目标范围与世恒公司净利润的比较。

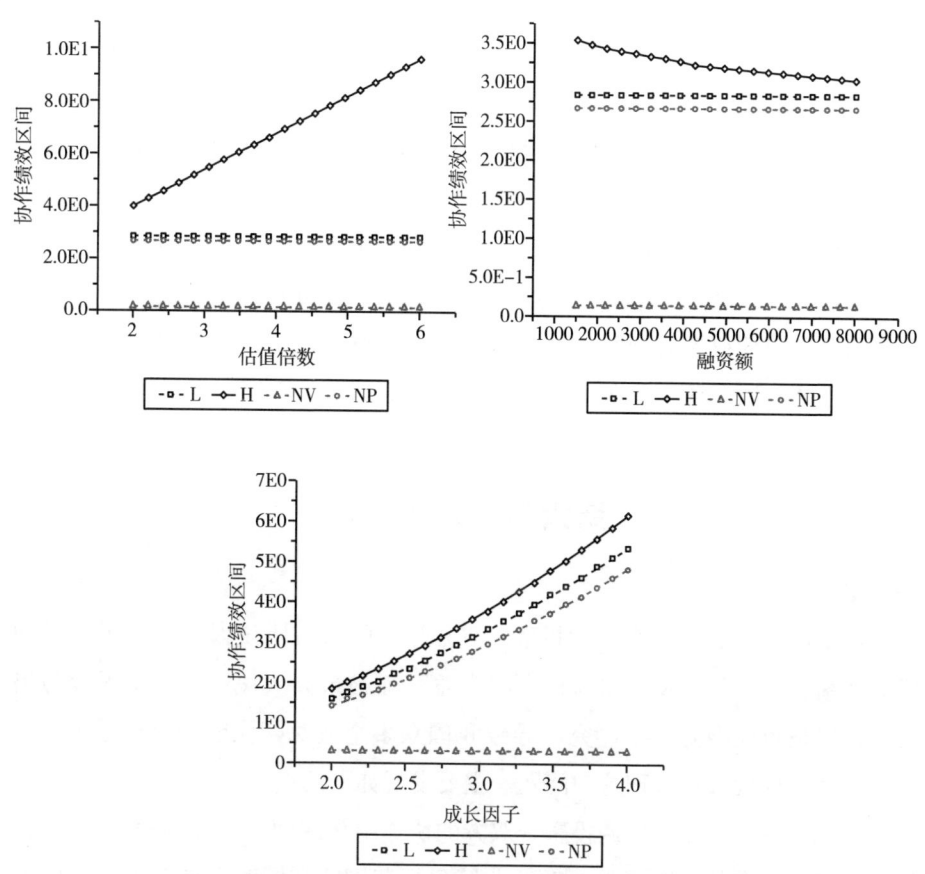

图 5.8　世恒公司协作绩效区间与净利润的对比

从图 5.8 我们可以发现，一方面，当世恒公司的净利润只有 2.68 万元的时候，不损害公司及债权人利益、不脱离公司实际经营规律的对赌业绩目标范围也是很小的，在不同的参数下，符合双方利益的业绩目标最高只有 10 万元左右，这与海富公司跟世恒公司及其股东所签署的对赌协议中约定的 3000 万元有着极大的差距。这表明该对赌协议所约定的业绩目标严重地脱离了世恒公司的正常经营规律，因此最高人民法院判定其为无效协议是十分恰当的。另外，如果世恒公司不融资，那么在这样的低市场需求下，其期望净利润不到 1 万元，表明业参与融资的期望净利润仍然大于企业未参与融资时的期望净利润。

另一方面，我们也应该注意到，尽管市场需求的随机性会导致实际需求可能发生在低位，但基于世恒公司的股东以及管理层对自身业务以及市场发展趋势的熟悉程度，即使不能准确地预测市场走向，至少也应该对市场可能面临的重大波动有所感知，然而世恒公司的股东（迪亚公司）只是一味地追求能够成功获取融资，未充分考虑对赌失败所带来的严重后果，无论是出于对世恒公司发展前景的盲目乐观还是对于市场走向的误判，都有着不可推卸的责任，因此最高人民法院关于迪亚公司对海富公司的业绩补偿承诺"不损害公司及公司债权人的利益，是当事人的真实意思表示，是有效的"这一判定是合理的。以后各企业在签订对赌协议时应以此为戒。

第六节 本章小结

本章以"对赌第一案"中投融资双方签订的对赌协议因"脱离了公司的经营业绩，有损公司及公司债权人的利益"而被最高人民法院判定无效为出发点，以报童模型为基础研究了导致我国众多企业对赌失败的直接原因——对赌业绩目标设置不合理这一问题。主要发现如下几点。

首先，发现了能够协调投融资双方的协作绩效区间。在签订对赌协议时，投融资双方各有其所能接受的对赌业绩目标范围，在同时保证双方利益的前提下，我们发现了合理的协作绩效区间，即双方的"共赢空间"，可以有效减少投融资双方的冲突，为投融资双方达成一致协议，顺利实现合作提供了理论基础。同时在一定程度上可以为我国的司法实践提供参照。

其次，影响协作绩效区间的主要因素有企业估值、融资额以及企业的成长性。协作绩效区间会随着估值的提升而向右移动，同时区间逐渐扩大。即估值的提升虽然会导致 PE 要求的业绩目标随之提升，但企业总体抗风险能力会随着估值的提升而增加。而当 PE 的投资额增加时，协作绩效区间会由两端向中间缩小。这充分说明在对赌条款的约束下，融资额并不是越多越好，一味地追求高融资额只会加剧企业的风险，融资企业应"量力而为"。此外，协作绩效区间会随着企业成长因子的增加而向右移动并扩大，从投资者的角度而言，企业成长性越好，投资者设置的业绩目标越高，但是企业适应风险的能力会以更大幅度提升，因此成长性较好的企业有更强的适应能力。

最后，即使融资企业无法完成对赌约定的业绩目标，PE 与企业的对赌也未必对企业不利。融资企业从股权投资机构获取资金拓展市场，其自身的资产会随着业务的扩展而增加，即使因对赌输掉一部分现金，其总资产也可能超过不融资时正常运营情况下的总资产。甚至当满足一定条件时，对赌的业绩目标可以任意大，融资企业按照对赌协议设置的业绩补偿公式将全部融资额补偿给投资方后仍能从此次融资中获利。

虽然本章以"对赌第一案"为切入点，在供应链的视角下将对赌协议中业绩目标的设置问题与企业生产运营过程相结合，发现了保证投融资双方利益的协作绩效区间，在一定程度上可以预防投融资双方产生矛盾冲突，拓展了关于对赌协议的研究范畴。但是关于"对赌第一案"乃至更多对赌案例中对赌协议的科学设置问题涉及信息的不对称以及更深层次的人的行为等因素，有待进一步挖掘。从这个案例中我们不难发现，在企业获得快速发展的机遇时，如果世恒公司的决策者能够采取较为"保守"的决策态度，最终对赌结果可能会好很多，因此以鲁棒行为来进行运营策略的制定也许有更好的系统性效果。对赌是一个复杂的问题，其以价值创造和价值评估为核心，涉及运营、财务、营销等诸多方面，而供应链其他成员的行为、投资机构的决策行为、不同形式的对赌以及信息的不对称等因素对协作绩效区间有何影响，对赌协议的签订对融资方有何激励效应等问题，还有待我们进一步的深入研究。

第六章 成长型企业股权融资"对赌协议"的运营影响分析

第一节 引　　言

2017年8月，一部《战狼2》引爆了全国人民的爱国热情，其票房也一路高歌猛进，截至9月1号，已超55亿元人民币，当初与之签订对赌协议的北京文化赚得盆满钵盈[①]。对赌协议又称"估值调整机制（valuation adjustment mechanism, VAM）"，是投融资双方在达成协议时，对于未来不确定情况的一种附加约定，使得投融资双方可以根据企业的实际绩效调整原来的投融资条件。对赌协议常用于规制投融资双方的关系，化解因投资估值不一致所产生的矛盾，促进投融资双方更好地进行战略合作、实现双赢。自2003年首次出现在我国融资案例中之后，已经被越来越多的企业用作一种解决未来经营绩效不确定性、促成投融资双方达成一致协议的重要手段。在国内影视界，对赌协议以"保底发行"的名义正成为业内一种主要的交易模式；而在国内的股权投资项目中，更是被大量使用。36氪数据显示，我国有23%的风险投资/私募股权投资投资项目使用了对赌[②]；据东财Choice的数据可知，截

[①] 《战狼2》票房过55亿！鼎辉财富告诉你背后的投资真相［OL］. 环球网, https://finance.huanqiu.com/article/9CaKrnK56d9, 2017-09-08.

[②] 用数据化的方式解析投资条款之五：对赌ratchet［OL］. 数据冰山, http://36kr.com/p/5043272.html, 2016-02-17.

第六章　成长型企业股权融资"对赌协议"的运营影响分析

至 2017 年 8 月 10 日，新三板市场上共有 446 份尚在实施中的对赌协议，涉及 150 多家企业，相比 2016 年同期 249 份以及 2016 年全年的 290 份处于实施中的对赌协议，对赌协议的数量呈爆发式增长①。然而在我国众多的对赌案例中，有不少企业在股权融资后（特别是签订对赌协议之后）并没有实现运营激励和双赢的局面，而是造成了运营困局、投融资双方冲突加剧甚至企业易主等现象：在"海富投资案"中，投融资双方因为对赌协议的履约问题多次对簿公堂，陈晓与摩根士丹利对赌输掉永乐电器，李途纯对赌英联、摩根士丹利、高盛等金融机构输掉太子奶，蔡达标引入中山连动和今日资本后身陷囹圄，张兰与鼎辉对赌输掉了俏江南，而 2017 年 7 月万达甩卖 632 亿元资产的背后更是有着对赌协议的影子②。本章关注企业在股权融资后出现运营矛盾冲突和绩效下滑的"对赌困局"的根本原因，探求企业规避"对赌困局"的投融资双方的合作本质。对此，本章将从企业运营的角度深入分析投融资双方的对赌问题，探讨对赌对参与者利益、行为等方面的具体影响。

对赌协议最早出现在国外企业并购的案例之中，又被称为"earnouts"（Barbopoulos and Wilson，2016；Cadman et al.，2014）、"contingent contract"（Lukas et al.，2012）。其实质是并购中的一种两阶段支付结构，第一阶段投标人先向目标公司的股东支付一部分资金，然后根据目标公司是否实现约定的绩效目标来决定第二阶段的支付条件（Barbopoulos and Sudarsanam，2012）。科尔和昂（Kohers and Ang，2000）认为这种支付结构可以规避估值差距带来的风险，锁定管理层的同时可以对其进行激励，以实现约定的业绩目标。克雷格和西米斯（Craig and Simith，2003）也认为通过适当的条款设计，可以有效解决并购中的信息不对称和管理层变动等问题。此外，对赌协议还可以有效减少企业并购中的逆向选择（Lukas et al.，2012）和道德风险（Karda et al.，2011）。

由于我国市场环境和法制环境与国外不同，国内学者关于对赌协议的研究也有别于国外学者。目前国内关于对赌协议的研究主要从法律层面和企业

---

① 新三板频现"对赌"是良方还是毒药 [OL]．上海证券报，http：//stock.eastmoney.com/news/1841，20170811765241338.html，2017－08－11．
② 对赌协议重压万达甩卖 632 亿元资产 接盘侠融创资金链遭遇大考 [OL]．证券日报，http：//house.people.com.cn/n1/2017/0711/c164220－29395840.html，2017－07－11．

层面两个角度展开。在法律层面上，学者主要关注对赌协议的合同属性以及法律效力问题。目前关于对赌协议的合同属性存在"射幸合同"和"附条件合同"两种说法，支持射幸合同观点的学者认为对赌协议具有射幸合同的两大特点：当事人主体在订立合同时对特定行为的后果具有不确定性以及当事人均具有获得利益或者损失的可能（谢海霞，2010；杨涛，2014），符合射幸合同的定义。支持附条件合同观点的学者认为对赌协议中约定的条件具有不确定性，条件的成就与否只有在将来才能确定，因此对赌协议是附条件合同（杨明宇，2014）。而赵忠奎（2016）认为射幸合同说曲解了对赌协议的交易模式，附条件合同说会给司法实践带来更多难题，两种说法都没有揭露对赌协议的本质。尽管目前学术界关于对赌协议的合同属性尚无统一说法，但是对于其法律效力学者普遍是认可的。赵昭（2015）认为对赌协议符合私法领域中的意思自治原则，体现了投融资双方的利益平衡和诚实信用，应将其纳入合同法，以更好地发挥其在资本市场中的作用。孙艳军（2011）认为对赌协议的合法性取决于其价值，从经济法学和商法学的角度分析，对赌协议具有创造效益的价值，认可对赌协议的合法地位并予以规制，对发展我国多层次资本市场具有重要意义。总体而言，学者认为将对赌协议作为一种合法的契约将对我国的资本实践产生积极的作用（杨宏芹和张岑，2013；刘子涵，2015）。在企业层面上，学者主要关注对赌协议的运行机制和管理激励功能（吕长江，2014）。在运行机制方面，肖菁（2011）通过案例分析的方式指出在制定对赌协议时应重视正确评价企业已实现的财务业绩，合理预测未来业绩。林畅杰（2014）基于可持续增长模型探究了签订对赌协议可能引发的财务效应，发现对赌容易诱发企业的短期化行为，削弱企业的长期竞争力。对此，刘峰涛等（2017）以博弈论作为研究方法，发现采用重复对赌协议机制可以有效克服短期利益的束缚和信息风险，避免由于一次性签约业绩目标过高而采取的冒险行为。在管理激励方面，米咏梅（2009）认为在企业内部激励机制缺失的情况下，通过对赌协议可以使企业处于一种高度压力状态，激发企业的凝聚力。张波等（2009）以理论模型证明了对赌协议是一种能够有效保护投资者收益和激励管理层的最优制度安排。项海容等（2009）利用契约理论也论证了对赌协议对企业家存在激励效应，但不同难度的对赌目标对企业家的激励效应是不同的。

总体而言,随着对赌协议在我国资本实践中的应用越来越广泛,学术界关于企业对赌问题的研究不再仅仅局限于法律层面的探讨,越来越多的学者开始以理论、实证模型对企业的对赌协议的运行机制和管理激励功能进行了研究。在此基础上,本章基于企业运营视角对常见于我国股权投融资案例中的对赌问题进行了研究,属于在新的研究视角下对对赌协议的运行机制和管理激励功能相结合的研究拓展。我们之所以选择从企业运营视角考察对赌问题,原因如下:其一,对赌产生的根源是市场需求信息的不确定以及一定程度上的信息不对称,这导致投融资双方对于企业价值认知的不一致,于是期望通过观察到未来企业的绩效状况后对之前的投融资条件进行调整。正如科勒等(2010)所言,一家企业为其股东创造价值的能力与价值创造的多少是评估其价值的关键要素。而企业运营正是价值创造的根源,基于运营视角分析企业对赌问题具有很强的现实意义。其二,对赌协议常以净利润、销售额、净利润增长率、销售额增长率等财务业绩为标的,即对赌业绩目标。而财务业绩的实现离不开企业运营的支持,在进行业绩目标的设定时,也必须充分考虑企业的实际运营状况,否则,一旦设置不切实际的对赌业绩目标,容易引起投融资双方不必要的争执。

本章基于企业运营视角研究了成长型企业与投资机构之间的对赌问题,构建了无对赌和有对赌两种情况下的企业运营模型,通过运营指标的对比,揭示了造成企业"对赌困局"的根本原因,并给出了消除或减轻"对赌困局"的有效途径,为股权融资下的合作共赢提供了协同运作要点。

第二节 问题描述与基准模型

一、问题描述与基本假设

本章仍然关注零售类型的成长型企业,如图 6.1 所示,考虑如下情况的零售商:零售商以批发价 w 向供应商采购数量为 q 的商品,并以单价 p 向市场销售。市场需求 ξ 为随机变量，其均值为 μ，标准差为 σ，但是分布函数 F 未知。处于成长期的零售商面临较好的市场机遇，可以通过付出努力来开拓市场，额外增加市场需求，但是由于自身资金瓶颈无力担负市场开拓的高额成本，故在销售季节开始之前，零售商引入私募股权投资机构（PE）以增资扩股的方式进行股权投资，投资额为 B。为了保障投资方的利益，同时起到激励融资方的作用，零售商与 PE 在达成一致协议时额外签订了以销售额为对赌标的、以现金为补偿方式的对赌协议，协议具体内容可表示如下：在约定期间内（此处简化约定时间为单个销售周期），若企业的销售额低于 M，则零售商向 PE 支付现金：$(1-p\min\{q,\xi+\beta e\}/M)B$，其中 $p\min\{q,\xi+\beta e\}$ 为零售企业的实际销售额；若销售额高于 M，则 PE 应向零售商支付现金：$(p\min\{q,\xi+\beta e\}/M-1)B$。

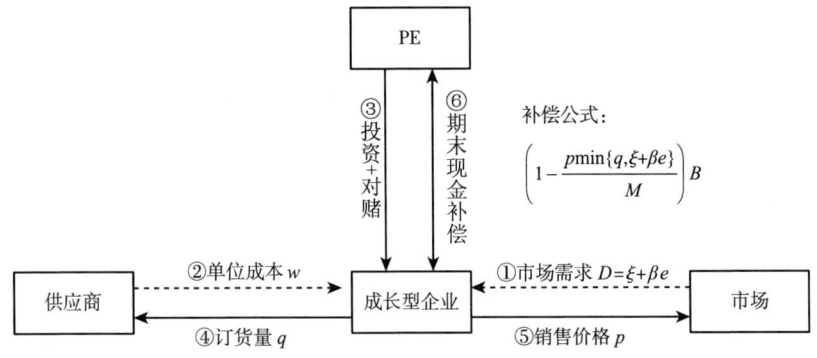

图 6.1　股权融资及供应链运作流程

根据泰勒（2002）的相关理论可知，零售商付出努力拓展市场后，新的市场需求可以表示为 $D=\xi+\beta e$。其中，$e>0$ 为零售商付出的努力水平，$\beta>0$ 为企业成长因子，表示每单位努力水平能带来的需求增加量，β 的值越大对应的企业成长性就越好。令 $V(e)$ 表示努力的成本函数，符合边际成本递增规律，且 $V(0)=0$。不失一般性，此处仍假设 $V(e)=0.5se^2$，其中 $s>0$ 为努力的成本系数。

本章同样不考虑股权融资成本以及税收，另外，我们假定 PE 采用市净率法对零售企业进行估值。事实上，作为常见的估值方法，市净率法具有净资产账面价值数据容易获取且稳定，不易被人操纵等优点而被广泛使用。假设扩展市场后产品的销售价格不变，且企业的运营决策仍然由零售商制定，以自身资产最大化为目标。本章其他假设如下：

（1）期末未销售的产品残值为 0，且不考虑缺货惩罚。

（2）零售商的自有资金足以保证订货所需，但不用于市场开拓。

（3）融资资金充足，即融资额足够零售商进行市场开拓。

本章其他参数设定见表 6.1。

表 6.1　　　　　　　　　　　参数说明

符号	说明
A	零售商融资前的固定资产
η	零售商融资前自有资金
α	PE 对零售商的估值倍数
Γ	所有均值为 μ，标准差为 σ 的非负分布函数集合
θ_1	股权融资后零售商的持股比例
θ_2	股权融资后 PE 的持股比例

二、基准模型

本节考虑零售商在不进行市场开拓正常经营时订货策略的制定，在市场需求信息严重缺失的情况下，一种经典的决策方式是斯卡夫（1958）提出的极大极小准则，该准则可以很好地克服信息缺失所带来的决策困难，已被广泛应用于库存和供应链管理、排队论、投资组合等领域，又称鲁棒优化方法。

考虑如图 6.2 中所示系统，零售商只掌握了市场需求 ξ 的均值 μ 和标准差 σ，其单位商品的批发价和销售价格分别为 w、p。零售商以一种保守和审慎的决策方式来制定订货量，最大化最差分布下的期望资产（这种行为又被称为"鲁棒行为"；刘会民，2015）。即考虑以下优化问题：

图 6.2 基准模型流程图

$$\max_{q} \min_{F \in \Gamma} E[TA_{nv}(q)] = A + \eta + pE[\min\{q, \xi\}] - wq$$

其中 Γ 表示所有满足均值为 μ，标准差为 σ 的非负需求分布的集合，此处假定 Γ 为凸集。根据斯卡夫（1958）的理论可知，零售商的最优订货量可由以下引理给出。

引理 6.1（Scarf，1958）如果零售商销售产品的价格为 p，成本为 w，那么最大化所有均值为 μ，标准差为 σ 的需求分布中的最差期望利润的订货量为：

$$q_{nv}^* = \begin{cases} 0, & \left(\dfrac{\mu}{\sigma}\right)^2 < \dfrac{w}{p-w} \\ \mu + \dfrac{\sigma}{2}\left(\sqrt{\dfrac{p-w}{w}} - \sqrt{\dfrac{w}{p-w}}\right), & \left(\dfrac{\mu}{\sigma}\right)^2 \geq \dfrac{w}{p-w} \end{cases}$$

在斯卡夫的极大极小准则中，当市场需求风险较高时，零售商的订货量为 0，只有在低需求风险的情况下零售商才会订货。

第三节　企业股权融资下的供应链决策

零售商在股权融资之后有充足的资金进行市场开拓，根据前面的假设，新的市场需求为 $D = \xi + \beta e$。显然，零售商的订货量 $q \geq \beta e$。进而零售商的销售额为：$p\min\{q, \xi + \beta e\}$，净利润为：$\pi_R = p\min\{q, \xi + \beta e\} - wq - 1/2 se^2$。根据市净率估值法，零售商在股权融资之后对零售企业的持股比例变为：$\theta_1 = \dfrac{\alpha(A+\eta)}{\alpha(A+\eta)+B}$，PE 的持股比例为：$\theta_2 = 1 - \theta_1$。因此，零售商在销售期期末的总资产为：

$$TA_R = \theta_1(A + \eta + B + p\min\{q, \xi + \beta e\} - wq - 1/2 se^2)$$

PE 的总资产为：

$$TA_{PE} = \theta_2(A + \eta + B + p\min\{q, \xi + \beta e\} - wq - 1/2 se^2)$$

为便于深入分析对赌给零售商带来的影响,我们将在无对赌协议和有对赌协议两种情况下讨论并对比零售商的运营决策。

一、无对赌协议下的运营决策

假设 PE 对零售企业进行投资,但并未与零售商签订对赌协议,此时,具有鲁棒行为特点的零售商的决策目标为:

$$\max_{q,e} \min_{F \in \Gamma} E_F[TA_R(q,e)] = \theta_1 \left(A + \eta + B + \int_0^{+\infty} p\min\{q, x+\beta e\}dF(x) - wq - 1/2se^2 \right)$$

(6.1)

式(6.1)是一个典型的鲁棒优化问题,可分两步对该式进行求解。第一步,解内层极小化问题,即在所有均值为 μ,标准差为 σ 的分布中找一个使零售商期望资产最小的分布,这样的分布被称为"最差分布(worst-case distribution)"(Scarf,1958),对应的期望资产则被称为"最差期望资产"。第二步,求解最优订货量和最优努力水平,使零售商的最差期望资产达到最大。对此,需先考虑内层极小化问题的如下等价形式:

$$\min_{F \sim (\mu, \sigma^2)} p \int_0^{+\infty} \min\{q, x+\beta e\}dF(x)$$

$$s.t. \begin{cases} \int_0^{+\infty} dF(x) = 1 \\ \int_0^{+\infty} xdF(x) = \mu \\ \int_0^{+\infty} x^2 dF(x) = \mu^2 + \sigma^2 \end{cases}$$

(6.2)

F 为任意非负分布。

式(6.2)的求解是寻找一个分布,使得零售商的期望销售额在所有均值为 μ,标准差为 σ 的分布中最小,这样的分布被称为"最差分布(worst-case distribution)"(Scarf,1958),此时对应的期望销售额被称为"最差期望销售额"。显然,式(6.2)的最差分布同时也是式(6.1)的最差分布,由下述引理给出。

命题 6.1 对于 PE 不与零售商对赌的鲁棒优化问题即式 (6.1),最差分布为:

(1) 当 $q - \beta e \geq \dfrac{\mu^2 + \sigma^2}{2\mu}$ 时,是如下形式的两点分布:

$$\begin{cases} x_1 = q - \beta e - \sqrt{(q - \beta e - \mu)^2 + \sigma^2}, & \Pr_1 = \dfrac{\sigma^2}{(\mu - q + \beta e + \sqrt{(q - \beta e - \mu)^2 + \sigma^2})^2 + \sigma^2} \\ x_2 = q - \beta e + \sqrt{(q - \beta e - \mu)^2 + \sigma^2}, & \Pr_2 = \dfrac{(\mu - q + \beta e + \sqrt{(q - \beta e - \mu)^2 + \sigma^2})^2}{(\mu - q + \beta e + \sqrt{(q - \beta e - \mu)^2 + \sigma^2})^2 + \sigma^2} \end{cases}$$

(2) 当 $q - \beta e < \dfrac{\mu^2 + \sigma^2}{2\mu}$ 时,是如下形式的两点分布:

$$\begin{cases} x_1 = 0, & \Pr_1 = \dfrac{\sigma^2}{\mu^2 + \sigma^2} \\ x_2 = \mu + \dfrac{\sigma^2}{\mu}, & \Pr_2 = \dfrac{\mu^2}{\mu^2 + \sigma^2} \end{cases}$$

证明:式 (6.2) 的求解需要用到对偶过程,首先给出其对偶问题:

$$\begin{aligned} & \max_{y_0, y_1, y_2} y_0 + \mu y_1 + (\mu^2 + \sigma^2) y_2 \\ & s.t. \quad y_0 + y_1 x + y_2 x^2 \leq p \min\{q, x + \beta e\}, \quad \forall x \geq 0 \end{aligned} \tag{6.3}$$

记 $g(x) = y_0 + y_1 x + y_2 x^2$,$SV(x) = p \min\{q, x + \beta e\}$,则 $SV(x)$ 可表示为如下形式:

$$SV(x) = \begin{cases} p(x + \beta e), & x \leq q - \beta e; \\ pq, & x > q - \beta e. \end{cases}$$

定义 $Y = \{\gamma \mid \gamma_i = \int_{R^+} x^i dF(x), F \in \Gamma, i = 0, 1, 2\}$,类似于前面的章节,我们假设 Y 的内部非空,根据波佩斯库 (2005) 以及祖鲁加加和培尼亚 (2005) 的理论可得,此时式 (6.2) 与式 (6.3) 的强对偶成立。假设 $F^*(x)$ 与 y_1^*,y_2^*,y_3^* 分别为原问题与对偶问题的最优解,根据线性规划问题的互补松弛定理，有以下等式成立：

$$\int_0^{+\infty} (y_0^* + y_1^* x + y_2^* x^2 - SV(x)) dF^*(x) = 0 \quad (6.4)$$

因此，当且仅当 $g(x) = SV(x)$ 时原问题有非零分布。于是我们可以如图 6.3 所示的两种情形进行讨论。

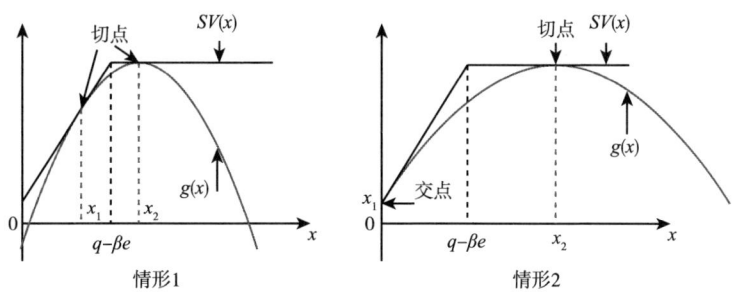

图 6.3 函数 $g(x)$ 与 $SV(x)$ 的两种可能的关系

由图 6.3 可以看出，满足均值为 μ，方差为 σ^2 的最差分布是两点分布，记为 (x_1, Pr_1)，(x_2, Pr_2)。下面我们分别计算两种情形下各自的最差分布。

情形 1：两个切点。

根据此时 $g(x)$ 与 $SV(x)$ 在这两个切点处的函数值与一阶导数值相等，我们得到下列方程组：

$$\begin{cases} y_0 + y_1 x_1 + y_2 x_1^2 = p(x_1 + \beta e) \\ y_1 + 2 y_2 x_1 = p \\ y_0 + y_1 x_2 + y_2 x_2^2 = pq \\ y_1 + 2 y_2 x_2 = 0 \end{cases}$$

解这个方程组，我们得到：$x_1 + x_2 = 2(q - \beta e)$。基于式（6.2）的约束条件，我们可以将两点分布表示为以下单参数形式：

$$\begin{cases} x_1, & Pr_1 = \dfrac{\sigma^2}{(\mu - x_1)^2 + \sigma^2} \\ x_2 = \mu + \dfrac{\sigma^2}{\mu - x_1}, & Pr_2 = \dfrac{(\mu - x_1)^2}{(\mu - x_1)^2 + \sigma^2} \end{cases} \quad (6.5)$$

将 $x_1+x_2=2(q-\beta e)$ 代入式（6.5），即可求出情形 1 的最差分布：

$$\begin{cases} x_1=q-\beta e-\sqrt{(q-\beta e-\mu)^2+\sigma^2}, \mathrm{Pr}_1=\dfrac{\sigma^2}{\left(\mu-q+\beta e+\sqrt{(q-\beta e-\mu)^2+\sigma^2}\right)^2+\sigma^2} \\ x_2=q-\beta e+\sqrt{(q-\beta e-\mu)^2+\sigma^2}, \mathrm{Pr}_2=\dfrac{\left(\mu-q+\beta e+\sqrt{(q-\beta e-\mu)^2+\sigma^2}\right)^2}{\left(\mu-q+\beta e+\sqrt{(q-\beta e-\mu)^2+\sigma^2}\right)^2+\sigma^2} \end{cases}$$

(6.6)

注意情形 1 的两点应满足以下关系：$x_1 \geq 0$ 且 $x_2 \geq q-\beta e$，即：$q-\beta e \geq \dfrac{\mu^2+\sigma^2}{2\mu}$。

情形 2：一个交点、一个切点。

由于交点的横坐标为 $x=0$，可以直接得到此时式（6.5）所示的两点分布：

$$\begin{cases} x_1=0, & \mathrm{Pr}_1=\dfrac{\sigma^2}{\mu^2+\sigma^2} \\ x_2=\mu+\dfrac{\sigma^2}{\mu}, & \mathrm{Pr}_2=\dfrac{\mu^2}{\mu^2+\sigma^2} \end{cases}$$

(6.7)

注意情形 2 的两点应满足以下关系：$g'(x_1) \geq \pi'_{q,e}(x_1)$ 且 $x_2 \geq q-\beta e$，即：$q-\beta e \leq \dfrac{\mu^2+\sigma^2}{2\mu}$。

根据命题 6.1，我们马上可以得到式（6.1）的内层极小化函数值，如下所示。

命题 6.2 无对赌协议下零售商在最差分布下的期望资产为：

$$\underline{TA}_R(q,e)=\begin{cases} \underline{TA}_{R1}(q,e)=\theta_1\left[A+\eta+B+(p-w)q-p(q-\beta e)\dfrac{\sigma^2}{\mu^2+\sigma^2}-1/2se^2\right], \\ \qquad\qquad\qquad\qquad\qquad\qquad\qquad\qquad\qquad q-\beta e<\dfrac{\mu^2+\sigma^2}{2\mu} \\ \underline{TA}_{R2}(q,e)=\theta_1\left[A+\eta+B+(p-w)q-\dfrac{p}{2}(\sqrt{(q-\beta e-\mu)^2+\sigma^2}\right. \\ \qquad\left. +q-\beta e-\mu)-1/2se^2\right], \qquad\qquad q-\beta e\geq\dfrac{\mu^2+\sigma^2}{2\mu} \end{cases}$$

该期望资产函数连续可微。

证明：当 $q-\beta e<\dfrac{\mu^2+\sigma^2}{2\mu}$ 时，根据此时的最差分布可知式（6.2）的目标函数值为 $p\beta e\dfrac{\sigma^2}{\mu^2+\sigma^2}+pq\dfrac{\mu^2}{\mu^2+\sigma^2}$，因此式（6.1）的目标函数值，即最差分布下的期望资产为：

$$\underline{TA}_{R1}(q,e)=\theta_1\left[A+\eta+B+p\beta e\dfrac{\sigma^2}{\mu^2+\sigma^2}+pq\dfrac{\mu^2}{\mu^2+\sigma^2}-wq-1/2se^2\right]$$

$$=\theta_1\left[A+\eta+B+(p-w)q-p(q-\beta e)\dfrac{\sigma^2}{\mu^2+\sigma^2}-1/2se^2\right]$$

当 $q-\beta e\geq\dfrac{\mu^2+\sigma^2}{2\mu}$ 时，根据此时的最差分布可知式（6.2）的目标函数值为：

$$pq-\dfrac{p}{2}\left(\sqrt{(q-\beta e-\mu)^2-\sigma^2}+q-\beta e-\mu\right)$$

因此式（6.1）的目标函数值，即最差分布下的期望资产为：

$$\underline{TA}_{R2}(q,e)=\theta_1\left[A+\eta+B+(p-w)q-\dfrac{p}{2}\left(\sqrt{(q-\beta e-\mu)^2+\sigma^2}+q-\beta e-\mu\right)-1/2se^2\right]$$

关于 $\underline{TA}_R(q,e)$ 的连续可微性，只需证明 $\underline{TA}_R(q,e)$ 在连接点处的函数值和一阶导数值相等即可。事实上，当 $q-\beta e=\dfrac{\mu^2+\sigma^2}{2\mu}$ 时，

$$\begin{cases}\underline{TA}_{R1}(q,e)=\theta_1\left[A+\eta+B+(p-w)q-p\dfrac{\sigma^2}{2\mu^2}-1/2se^2\right]=\underline{TA}_{R2}(q,e)\\[2mm]\dfrac{\partial TA_{R1}}{\partial q}=\theta_1\left(p-w-\dfrac{p\sigma^2}{\mu^2+\sigma^2}\right)=\dfrac{\partial TA_{R2}}{\partial q}\\[2mm]\dfrac{\partial TA_{R1}}{\partial\theta}=\theta_1\left(p\beta\dfrac{\sigma^2}{\mu^2+\sigma^2}-se\right)=\dfrac{\partial TA_{R2}}{\partial\theta}\end{cases}$$

因此，$\underline{TA}_R(q,e)$ 连续可微。

通过前面的准备，我们可以给出式（6.1）的最优解。

定理 6.1 无对赌协议时，零售商鲁棒行为下的最优决策为：

$$\begin{cases} \text{当} \left(\dfrac{\mu}{\sigma}\right)^2 < \dfrac{w}{p-w} \text{时,} & \begin{cases} q^* = \dfrac{\beta^2(p-w)}{s} \\ e^* = \dfrac{\beta(p-w)}{s} \end{cases} \\ \text{当} \left(\dfrac{\mu}{\sigma}\right)^2 \geq \dfrac{w}{p-w} \text{时,} & \begin{cases} q^* = \dfrac{\beta^2(p-w)}{s} + \mu + \dfrac{\sigma}{2}\left(\sqrt{\dfrac{p-w}{w}} - \sqrt{\dfrac{w}{p-w}}\right) \\ e^* = \dfrac{\beta(p-w)}{s} \end{cases} \end{cases}$$

证明： 我们已经证明了 $\underline{TA}_R(q,e)$ 的连续可微性，为求其最大值点，我们需要进一步验证其二阶偏导数性质。首先，$\underline{TA}_R(q,e)$ 的一阶偏导为：

$$\dfrac{\partial TA_R}{\partial q} = \begin{cases} \theta_1 \left(p - w - p\dfrac{\sigma^2}{\mu^2 + \sigma^2} \right), & q - \beta e < \dfrac{\mu^2 + \sigma^2}{2\mu} \\ \theta_1 \left(p - w - \dfrac{p}{2}\left(\dfrac{q - \beta e - \mu}{\sqrt{(q-\beta e - \mu)^2 + \sigma^2}} + 1 \right) \right), & q - \beta e \geq \dfrac{\mu^2 + \sigma^2}{2\mu} \end{cases}$$

$$\dfrac{\partial TA_R}{\partial e} = \begin{cases} \theta_1 \left(p\beta \dfrac{\sigma^2}{\mu^2 + \sigma^2} - se \right), & q - \beta e < \dfrac{\mu^2 + \sigma^2}{2\mu} \\ \theta_1 \left(\dfrac{p}{2}\beta \left(\dfrac{q - \beta e - \mu}{\sqrt{(q-\beta e - \mu)^2 + \sigma^2}} + 1 \right) - se \right), & q - \beta e \geq \dfrac{\mu^2 + \sigma^2}{2\mu} \end{cases}$$

二阶偏导为：

$$\dfrac{\partial^2 TA_R}{\partial q^2} = \begin{cases} 0, & q - \beta e < \dfrac{\mu^2 + \sigma^2}{2\mu} \\ -\theta_1 \dfrac{p}{2} \dfrac{\sigma^2}{[(q - \beta e - \mu)^2 + \sigma^2]^{3/2}}, & q - \beta e \geq \dfrac{\mu^2 + \sigma^2}{2\mu} \end{cases}$$

$$\dfrac{\partial^2 TA_R}{\partial q \partial e} = \begin{cases} 0, & q - \beta e < \dfrac{\mu^2 + \sigma^2}{2\mu} \\ \theta_1 \dfrac{p}{2} \dfrac{\beta\sigma^2}{[(q - \beta e - \mu)^2 + \sigma^2]^{3/2}}, & q - \beta e \geq \dfrac{\mu^2 + \sigma^2}{2\mu} \end{cases}$$

| 第六章　成长型企业股权融资"对赌协议"的运营影响分析 |

$$\frac{\partial^2 \underline{TA}_R}{\partial e^2} = \begin{cases} -\theta_1 s, & q - \beta e < \frac{\mu^2 + \sigma^2}{2\mu} \\ -\theta_1 \frac{p}{2} \frac{\beta^2 \sigma^2}{[(q-\beta e-\mu)^2 + \sigma^2]^{3/2}} - \theta_1 s, & q - \beta e \geq \frac{\mu^2 + \sigma^2}{2\mu} \end{cases}$$

$\underline{TA}_R(q,e)$ 的海瑟矩阵为：

$$H = \begin{bmatrix} \dfrac{\partial^2 \underline{TA}_R}{\partial q^2} & \dfrac{\partial^2 \underline{TA}_R}{\partial q \partial e} \\ \dfrac{\partial^2 \underline{TA}_R}{\partial q \partial e} & \dfrac{\partial^2 \underline{TA}_R}{\partial e^2} \end{bmatrix}$$

当 $q - \beta e < \frac{\mu^2 + \sigma^2}{2\mu}$ 时，海瑟矩阵的行列式 $|H| = 0$，且 $\frac{\partial^2 \underline{TA}_R}{\partial e^2} < 0$；

当 $q - \beta e \geq \frac{\mu^2 + \sigma^2}{2\mu}$ 时，$|H| = \theta_1^2 \frac{p}{2} \frac{s\sigma^2}{[(q-\beta e-\mu)^2 + \sigma^2]^{3/2}} > 0$，且 $\frac{\partial^2 \underline{TA}_R}{\partial e^2} < 0$。

根据多元函数凹凸性的判定定理可知：当海瑟矩阵的行列式 $|H| \geq 0$ 且不恒为 0；同时 $\frac{\partial^2 \underline{TA}_R}{\partial q^2} < 0$ 或者 $\frac{\partial^2 \underline{TA}_R}{\partial e^2} < 0$，则称 $\underline{TA}_R(q,e)$ 为其定义域内的凹函数。因此，$\underline{TA}_R(q,e)$ 关于 q、e 的最大值在其极值点或边界点处取得（因为极值点可能不在定义域内）。

当 $\left(\frac{\mu}{\sigma}\right)^2 \geq \frac{w}{p-w}$ 时，易证 $\frac{\partial TA_{R1}(q,e)}{\partial q} \geq 0$，$\underline{TA}_R(q,e)$ 在 $q - \beta e < \frac{\mu^2 + \sigma^2}{2\mu}$ 时关于 q 是单调递增的线性函数，而 $\frac{\partial TA_{R2}(q,e)}{\partial q}\big|_{q \to \infty} = -\theta_1 w < 0$，根据 $\underline{TA}_R(q,e)$ 的连续可微性，此时极值点存在，且应该在 $q - \beta e \geq \frac{\mu^2 + \sigma^2}{2\mu}$ 的区域内取得，为：

$$\begin{cases} q^* = \dfrac{\beta^2(p-w)}{s} + \mu + \dfrac{\sigma}{2}\left(\sqrt{\dfrac{p-w}{w}} - \sqrt{\dfrac{w}{p-w}}\right) \\ e^* = \dfrac{\beta(p-w)}{s} \end{cases}$$

显然，此时最优解满足 $q^* - \beta e^* \geq \dfrac{\mu^2 + \sigma^2}{2\mu}$。

当 $\left(\dfrac{\mu}{\sigma}\right)^2 < \dfrac{w}{p-w}$ 时，$\dfrac{\partial TA_R(q,e)}{\partial q} < 0$，$TA_R(q,e)$ 在区间 $q - \beta e < \dfrac{\mu^2 + \sigma^2}{2\mu}$ 内关于 q 是单调递减的线性函数，又根据 $TA_R(q,e)$ 在定义域内的凹性，可知，在定义域 $q - \beta e \geq \dfrac{\mu^2+\sigma^2}{2\mu}$ 内，$\dfrac{\partial TA_R(q,e)}{\partial q}$ 仍然是单调递减的凹函数，所以此时极值点不在定义域内。根据凹函数的性质，其最大值点应在边界处取得。所以有 $q = \beta e$，显然此时 $q - \beta e = 0 < \dfrac{\mu^2+\sigma^2}{2\mu}$。将 $q = \beta e$ 代入 $TA_{R1}(q,e)$，得：

$$TA_{R1}(q,e) = \theta_1 [A + \eta + B + (p-w)\beta e - 1/2 se^2]$$

这是关于 e 的凹函数，最大值在一阶导数等于零处取得，为 $e^* = \dfrac{\beta(p-w)}{s}$，所以，当 $\left(\dfrac{\mu}{\sigma}\right)^2 < \dfrac{w}{p-w}$ 时，零售企业的最优决策为：

$$\begin{cases} q^* = \dfrac{\beta^2(p-w)}{s} \\ e^* = \dfrac{\beta(p-w)}{s} \end{cases}$$

定理得证。

相较于基准模型，零售商由于在股权融资之后额外付出了努力，在增加市场需求的同时其订货量也得以提升，不会出现完全不订货的情况。新的订货量除了受产品价格以及市场需求的影响外，还受到零售企业成长性的影响。企业成长性越高，零售商的努力水平以及订货量越高。当然，在零售商签订了对赌协议的情况下，其努力水平和订货量可能又会有不同的变化，接下来我们将对其进行讨论。

二、对赌协议下的运营决策

高度不确定的外部市场环境导致零售企业未来的经营状况也具有很大的

不确定性，作为投资者，更是承受了巨大的风险，即便零售企业有良好的成长性。因此，PE 往往要求与零售商签订对赌协议，一方面可以给 PE 的投资资金提供一道安全锁，另一方面又可以激励零售商付出足够的努力扩张市场，促进企业快速成长，为双方带来高额回报。

现假设 PE 与零售商签订了以销售额为业绩目标、以现金为补偿形式的对赌协议，那么零售商在销售期期末的总资产变为：

$$TA_{R\_VAM} = \theta_1(A + \eta + B + p\min\{q,\xi+\beta e\} - wq - 1/2se^2) - \left(1 - \frac{p\min\{q,\xi+\beta e\}}{M}\right)B$$

$$= (\theta_1 + B/M)p\min\{q,\xi+\beta e\} + \theta_1(A + \eta + B - wq - 1/2se^2) - B$$

PE 的总资产为：

$$TA_{PE\_VAM} = (\theta_2 - B/M)p\min\{q,\xi+\beta e\} + \theta_2(A + \eta + B - wq - 1/2se^2) + B$$

在鲁棒行为下，零售商的决策目标为：

$$\max_{q,e}\min_{F\in\Gamma} E_F[TA_{R\_VAM}(q,e)] \tag{6.8}$$

类似于零售商在无对赌协议下的决策问题即式（6.1），式（6.5）内层关于分布函数极小化的过程与式（6.2）具有相同的最差分布，如命题 6.1 所示。因此，我们可以得到式（6.5）在最差分布下的期望资产函数。

命题 6.3 在签订对赌协议的情形下零售商的最差期望资产为：

$$\underline{TA}_{R\_VAM}(q,e) = \begin{cases} \underline{TA}_{R1\_VAM}(q,e) = \theta_1(A + \eta + B - wq - 1/2se^2) + (\theta_1 + B/M)pq \\ \quad - (\theta_1 + B/M)p(q-\beta e)\dfrac{\sigma^2}{\mu^2+\sigma^2}, \quad\quad q-\beta e < \dfrac{\mu^2+\sigma^2}{2\mu} \\ \underline{TA}_{R2\_VAM}(q,e) = \theta_1(A + \eta + B - wq - 1/2se^2) + (\theta_1 + B/M)pq \\ \quad - (\theta_1 + B/M)\dfrac{p}{2}\left(\sqrt{(q-\beta e-\mu)^2+\sigma^2}+q-\beta e-\mu\right), q-\beta e \geq \dfrac{\mu^2+\sigma^2}{2\mu} \end{cases}$$

该期望资产函数连续可微。

证明：同命题 6.2。

根据命题 6.3，我们可以得出零售商在对赌时的最优订货以及努力决策。

定理 6.2 当零售商股权融资且与 PE 对赌时，鲁棒行为下的最优决策为

$$\begin{cases} \text{当}\left(\dfrac{\mu}{\sigma}\right)^2 < \dfrac{\theta_1 w}{(\theta_1+B/M)p-\theta_1 w} \text{时}, & \begin{cases} e_{VAM}^* = \beta\dfrac{(\theta_1+B/M)p-\theta_1 w}{\theta_1 s} \\ q_{VAM}^* = \beta^2\dfrac{(\theta_1+B/M)p-\theta_1 w}{\theta_1 s} \end{cases} \\ \text{当}\left(\dfrac{\mu}{\sigma}\right)^2 \geq \dfrac{\theta_1 w}{(\theta_1+B/M)p-\theta_1 w} \text{时}, & \begin{cases} e_{VAM}^* = \beta\dfrac{(\theta_1+B/M)p-\theta_1 w}{\theta_1 s} \\ q_{VAM}^* = \beta^2\dfrac{(\theta_1+B/M)p-\theta_1 w}{\theta_1 s} \\ \qquad +\mu+\dfrac{\sigma}{2}\dfrac{(\theta_1+B/M)p-2\theta_1 w}{\sqrt{\theta_1 w[(\theta_1+B/M)p-\theta_1 w]}} \end{cases} \end{cases}$$

证明：类似于定理6.1，我们可以证明 $\underline{TA}_{R\_VAM}(q,e)$ 为二元凹函数，故其最大值在极值点或边界处取得。

当 $\left(\dfrac{\mu}{\sigma}\right)^2 \geq \dfrac{\theta_1 w}{(\theta_1+B/M)p-\theta_1 w}$ 时，$\dfrac{\partial \underline{TA}_{R1\_VAM}(q,e)}{\partial q} \geq 0$，此时 $\underline{TA}_{R\_VAM}(q,e)$ 的最大值在 $q-\beta e \geq \dfrac{\mu^2+\sigma^2}{2\mu}$ 的区域内的极值点处取得，为：

$$\begin{cases} e_{VAM}^* = \beta\dfrac{(\theta_1+B/M)p-\theta_1 w}{\theta_1 s} \\ q_{VAM}^* = \beta^2\dfrac{(\theta_1+B/M)p-\theta_1 w}{\theta_1 s} + \mu + \dfrac{\sigma}{2}\dfrac{(\theta_1+B/M)p-2\theta_1 w}{\sqrt{\theta_1 w[(\theta_1+B/M)p-\theta_1 w]}} \end{cases}$$

当 $\left(\dfrac{\mu}{\sigma}\right)^2 < \dfrac{\theta_1 w}{(\theta_1+B/M)p-\theta_1 w}$ 时，$\dfrac{\partial \underline{TA}_{R1\_VAM}(q,e)}{\partial q} < 0$，此时 $\underline{TA}_{R\_VAM}(q,e)$ 关于 q 单调递减，根据凹函数性质，最大值点应在边界上，即满足 $q=\beta e$。需要注意的是，此时 $q-\beta e = 0 < \dfrac{\mu^2+\sigma^2}{2\mu}$，将 $q=\beta e$ 代入 $\underline{TA}_{R1\_VAM}(q,e)$，得：

$$\underline{TA}_{R1\_VAM}(q,e) = \theta_1(A+\eta+B-w\beta e-1/2se^2)+(\theta_1+B/M)p\beta e$$

这是关于 e 的凹函数，最大值在一阶导数等于零的点处取得，为 $e^* = \beta\dfrac{(\theta_1+B/M)p-\theta_1 w}{\theta_1 s}$，所以，当 $\left(\dfrac{\mu}{\sigma}\right)^2 < \dfrac{\theta_1 w}{(\theta_1+B/M)p-\theta_1 w}$ 时，零售企业的最

优决策为：

$$\begin{cases} e_{VAM}^* = \beta \dfrac{(\theta_1 + B/M)p - \theta_1 w}{\theta_1 s} \\ q_{VAM}^* = \beta^2 \dfrac{(\theta_1 + B/M)p - \theta_1 w}{\theta_1 s} \end{cases}$$

定理得证。

对比定理 6.1，我们可以发现对赌对零售商的努力水平和订货决策的影响。

推论 6.1 对赌协议的签订会提升零售商的努力水平和订货量。

证明：对比定理 6.1 和定理 6.2 不难发现，在对赌情况下零售商的努力水平大幅度增加，增加量为 $\dfrac{\beta p B}{\theta_1 s M}$。因此，在低需求时，签订对赌协议后的零售商订货量也会增加。下面我们证明在高需求时，签订了对赌协议的零售商订货量会更高。只需证明式（6.9）成立即可。

$$\frac{(\theta_1 + B/M)p - 2\theta_1 w}{\sqrt{\theta_1 w [(\theta_1 + B/M)p - \theta_1 w]}} > \frac{p - 2w}{\sqrt{w(p - w)}} \tag{6.9}$$

对此，我们需要考察：

$$\left(p - \frac{2\theta_1}{\theta_1 + B/M} w\right)^2 (p - w) - (p - 2w)^2 \left[\frac{\theta_1}{\theta_1 + B/M} p - \left(\frac{\theta_1}{\theta_1 + B/M}\right)^2 w\right] \tag{6.10}$$

的正负性。当 $p \geq 2w$ 时，显然有 $\left(p - \dfrac{2\theta_1}{\theta_1 + B/M} w\right)^2 > (p - 2w)^2$，且

$$(p - w) - \left[\frac{\theta_1}{\theta_1 + B/M} p - \left(\frac{\theta_1}{\theta_1 + B/M}\right)^2 w\right]$$

$$= \left(1 - \frac{\theta_1}{\theta_1 + B/M}\right)\left[p - \left(1 + \frac{\theta_1}{\theta_1 + B/M}\right)w\right] > 0$$

故式（6.10）大于 0，这意味着式（6.9）成立。

当 $p < \dfrac{2\theta_1}{\theta_1 + B/M} w$ 时，式（6.4）两边都小于 0。易证 $\left(p - \dfrac{2\theta_1}{\theta_1 + B/M} w\right)^2 <$ $(p - 2w)^2$，且：

$$(p - w) - \left[\dfrac{\theta_1}{\theta_1 + B/M} p - \left(\dfrac{\theta_1}{\theta_1 + B/M}\right)^2 w\right]$$

$$= \left(1 - \dfrac{\theta_1}{\theta_1 + B/M}\right)\left[p - \left(1 + \dfrac{\theta_1}{\theta_1 + B/M}\right) w\right] < 0$$

故式（6.10）小于 0，考虑到式（6.9）两边分数都小于 0，这同样意味着式（6.9）成立。

当 $\dfrac{2\theta_1}{\theta_1 + B/M} w \leq p < 2\theta_1 w$ 时，式（6.9）左边非负而右边为负数，显然不等式仍然成立。此外，$\dfrac{\theta_1 w}{(\theta_1 + B/M) p - \theta_1 w} < \dfrac{w}{p - w}$ 则说明对赌时的低需求范围小于没有对赌时的低需求范围。综上所述，当零售商签订对赌协议时，其订货量要高于无对赌协议时的订货量。推论得证。

推论 6.2 零售商的持股比例越低，对赌协议越能激励零售商付出更多努力；而企业成长性、融资额、零售价格越低，则激励效果越差。

通过前面的分析，我们发现对赌协议确实能激励零售商更加努力地开拓市场，增加市场需求，最终提高订货量和经营业绩，从而避免因零售商努力不足而导致经营业绩不足时可能遭受的经济损失。但是这种激励是否对企业有利、是否可以保证企业更好地运营还需进一步分析。

第四节 数值仿真

前面以理论研究的形式分别给出并对比了零售商在对赌和不对赌两种情况下的运营决策，发现了对赌在零售商运营过程中的激励作用。本节将通过数值仿真进一步进行考察：（1）对赌对投融资双方资产的影响；（2）对赌对零售企业的影响，以便分析对赌更深层次的管理意义。不失一般性，本章采用安德森等（2013）的方法来生成随机市场需求的均值与方差，具体步骤同前所述，此处不再赘述。

为便于比较，我们假设有两个情况完全相同的零售商与 PE，不参与对赌的零售商与 PE 代号为"1"，参与对赌的零售商与 PE 代号为"2"。仿真所有数据单位统一取"1"，其他仿真参数设置见表 6.2。

表 6.2　　　　　　　　　　　参数说明

p	w	s	A	B	α	β	M	η
30	20	3	3000	5000	5	6	5000	2000

作为对赌协议中的核心指标，对赌业绩目标的高低历来都是投融资双方争议的话题。因此我们首先考察对赌业绩目标对零售商、PE 以及零售企业资产的影响，如图 6.4 所示。

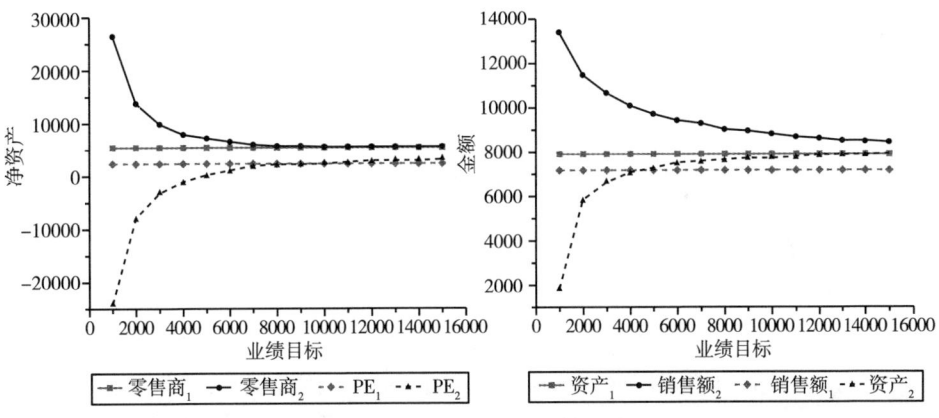

图 6.4　不同对赌业绩目标下各主体资产的对比

观察图 6.4 我们可以发现，参与对赌的零售商资产随着对赌业绩目标的增加而降低，当业绩目标过高时可能低于未参与对赌的零售商的资产。对 PE 则有着完全相反的结果。值得注意的是，对赌情况下零售企业的销售额始终高于没有参与对赌的零售企业销售额，而总资产则始终低于没有参与对赌的零售企业总资产。这表明对赌协议可以激励零售商努力实现甚至超越对赌约定的财务指标，但同时也扭曲了零售商的运营行为，降低了企业总资产。特别是在业绩目标较低时,激励作用更突出,而扭曲现象也更加明显,对赌协议是一把"双刃剑"。

企业成长性的高低决定了企业的发展速度,是股权融资问题的核心。下面我们将考察对赌与不对赌时不同的成长性对投融资双方的影响如图6.5所示。

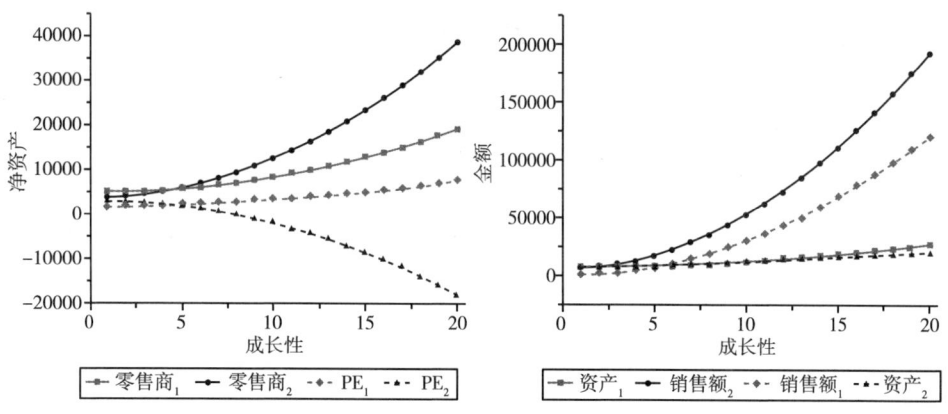

图6.5 零售企业不同成长性下各主体资产的对比

对零售商而言,无论是否参与对赌,较高的成长性总是能带来更多的经济效益。但是PE在参与对赌之后,其资产反而随着零售企业成长性的提高而降低。这是因为零售商在相对于未参与对赌之时,其努力水平的增加量是一个跟企业成长性正相关的变化量,成长性越高,对赌之后努力水平增量越高,零售商会更加努力地完成业绩目标甚至赢得对赌,因此其资产会逐渐增加乃至超过未参与对赌时的资产,而PE的资产则会逐渐降低。也正因如此,对赌时零售企业的销售额随着成长性的增加而愈加高于未参与对赌时的销售额,具有良好成长性的企业签订对赌协议极大地促进了标的指标的快速增长。同样,由于对赌协议的扭曲作用,零售企业的总资产始终低于未参与对赌时的总资产,并且成长性越高,激励作用越明显,扭曲现象也就更突出,企业总资产也愈加低于未参与对赌时的总资产。

此外,对零售企业的估值倍数作为对赌协议产生的根源,更直接决定了投融资双方的持股比例,也是需要重点考察的对象。不同的估值倍数对投融资主体资产的影响如图 6.6 所示。

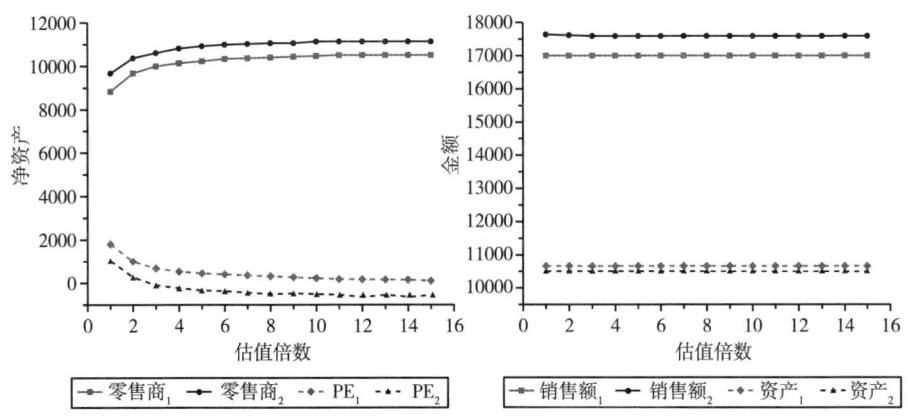

图 6.6 不同估值倍数下各主体资产的对比

观察图 6.6 不难发现，无论是否对赌，零售商的资产都会随着估值倍数的增加而增加，PE 的资产则随之降低。这是因为估值倍数增加之后，零售商的持股比例提高而 PE 的持股比例降低。与前面类似，由于对赌协议对零售商的激励作用，参与对赌的零售商资产总是高于未参与对赌的零售商的资产，而 PE 的资产则较低。对零售企业而言，估值的变化不会影响企业总资产，但是估值提升之后，零售商的持股比例增加，对赌对其激励作用下降，因此对赌时零售企业的销售额有所降低，但始终高于不对赌时的企业销售额。

从上面的仿真可以发现，对赌协议可以激励零售商付出更多的努力，实现对赌约定的财务指标，但同时也扭曲了零售商的运营行为，降低了企业总资产。对 PE 而言，对赌并不能直接增加其资产，除了在对赌业绩目标非常高的时候，PE 的资产总是低于未参与对赌时的资产。因此，对赌对 PE 最大的作用就是能极大地提升对赌标的财务指标的增长，而这种增长必定能极大地提升企业的外部估值，使得企业在下轮融资或者上市之后价值增加，PE 退出时才会获取高额的投资回报。所以对赌协议对 PE 而言更是一种实现战略目标的手段，而非短期的资本增值手段。

第五节　本章小结

本章基于运营视角研究了对赌对企业发展以及股权投融资双方行为的影响，通过有无对赌协议两种情况下融资企业的运营决策以及投融资双方的资产和对赌标的等运营指标的对比，揭示了众多企业在股权融资后出现运营矛盾冲突和绩效下滑的"对赌困局"的原因，并为避免或减轻"对赌困局"、实现投融资双方的合作共赢提供了协同运作要点，主要研究结论有：

首先，对赌协议的签订会对融资企业的运营行为产生"扭曲激励"作用。一方面，与已有学术研究成果类似，本章研究发现对赌协议的存在可以激励企业付出更多的努力去拓展市场、增加需求以及订货量，使得企业自身资产高于无对赌协议的成长型企业的资产，并在企业最大化自身资产的过程中实现对赌标的财务指标——销售额的增长。另一方面，对赌协议的这种激励作用也扭曲了企业的运营行为，与无对赌协议下的企业相比，对赌降低了成长型企业的总资产，不利于企业的长期发展，并且激励作用越强，扭曲现象就越明显。另外，PE的净资产和对赌财务指标——销售额之间也不具有同向增长的可能。

其次，对赌协议的"扭曲激励"作用是导致"对赌困局"的根本原因。我们发现，当成长型企业过度关注对赌业绩目标的实现而盲目扩张市场时，会降低企业的总资产等财务指标，严重时甚至会导致企业资金链断裂；而当企业过度注重企业整体资产的增加时，则无法实现对赌业绩目标，并且还会遭受巨额的现金损失。我们认为，正是由于对赌协议的这种"扭曲激励"作用，增加了企业的运营难度，当管理者无法在这两者之间做出合理的平衡时，企业出现运营困局在所难免，投融资双方甚至可能因利益诉求不一致而产生矛盾冲突。因此，对赌协议的"扭曲激励"效果是导致众多企业在签订对赌协议之后出现运营矛盾冲突和绩效下滑的"对赌困局"的罪魁祸首。

最后，选择恰当的对赌标的、设置合理的业绩目标是解决"对赌困局"的关键途径。若融资方有选择对赌标的的权利，则可以根据企业当前的运营战略选择与之相匹配的对赌标的，从根本上消除对赌协议的扭曲作用。若对赌标的的设置完全由投资方确定且与企业当前运营战略不一致，那么企业则应该保证对赌业绩目标不会过高或过低。从前面的模型和仿真结果可以看出，若业绩目标过低，容易使融资方只看重短期利益，加重其运营策略的扭曲程度，不利于企业的发展；若业绩目标过高，则企业容易因无法完成对赌业绩目标而付出巨额赔偿。若能设置合理的对赌业绩目标，则可以令企业在完成对赌业绩目标的同时保证企业的资产不会出现严重下滑的情况。

尽管本章以企业运营视角探讨了以销售额为标的、以现金为补偿方式的双向对赌协议对股权投融资双方的影响，发现了对赌协议的扭曲激励现象，为"对赌困局"的解答提供了运营基础，为股权融资下的合作共赢提供了协同运作要点，拓展了对赌协议理论研究的范畴。但是本章的研究属于前期的基础性探索，并没有给出对赌中一些具体问题的定量化解决方案，例如更有效的对赌机制设计、合理的对赌业绩目标的选择、考虑 PE 退出时投融资双方在企业运营中的博弈等问题。本章的研究工作只是对赌问题中很小的一个组成部分，要真正厘清对赌在股权投融资以及企业成长中的作用，给出更多的关于对赌问题的管理启示，需要大量的调研、案例分析以及后续研究工作的进一步开展。

第七章　总结与展望

股权融资是因快速成长而面临大量资金缺口的成长型企业的主要融资方式，是企业发展过程中重要而长远的战略性问题。然而企业在快速成长的过程中，多变的外部市场环境带来的市场信息的不确定以及信息的严重缺失向企业的决策者提出了挑战；而过分地看重股权投融资的资本运作结果、忽视基于供应链的价值创造与供需匹配才是企业价值快速增长的本质，更是不断导致股权投融资双方之间矛盾冲突，限制了企业的发展。因此，本书在市场信息缺失的情况下，基于成长型企业的鲁棒决策行为研究基于供应链支持下的企业股权融资问题，旨在为成长型企业的股权融资提供供应链鲁棒风险管理视角下的科学研究支持。

第一节　主要结论

本书围绕成长型企业的股权融资，分别从其供应侧、需求侧以及投资侧三个角度研究了多边关系对企业股权融资的影响。具体研究了如下四个问题：零售商鲁棒决策行为下供应商与企业的关系对股权融资的影响研究；具有鲁棒决策行为的零售商股权融资时的市场需求选择问题研究；基于运营理论模型对我国"对赌第一案"的评述；企业在股权融资后出现运营矛盾冲突和绩效下滑的"对赌困局"成因探讨。通过模型求解和数值仿真的定量定性分析得到的主要结论有：

（1）建立了锁定与非锁定两类不同契约结构下基于成长型企业鲁棒决策

行为的供应链运作模型，揭示了股权融资与供应链契约结构的内在联系。研究发现供应商主导的契约结构严重抑制了成长型企业的股权融资意愿，在不锁定批发价的情况下，企业融资之后利润反而降低，并且融资额越高、成长性越高的企业的利润下滑越明显，强势的供应商会过度侵占融资企业的利益。适当地增强企业的供应链地位，签订契约锁定协议有利于提升其融资意愿，并可以吸引成长性良好的企业进行股权融资，在一定程度上避免了股权市场出现逆向选择。与此同时，契约锁定能提升成长型企业的利润，还可以为整个供应链带来更高的经济效益，并有效抵抗供应链成本增加的风险。

（2）基于成长型企业的鲁棒决策行为，建立了上下界、均值与上下界、均值这三类市场需求下的供应链运作模型，通过结果的理论比较和仿真分析，揭示了选择"恰当的"市场需求信息在股权投融资过程以及供应链运作中的重要作用。研究发现在企业股权融资过程中存在市场需求信息的"价值消散"现象，即在已有上下界或者均值信息的情况下，追求过多的需求信息反而会降低投融资双方的资产规模，使其没有进一步捕获市场需求信息的动力。并且在大多数情况下，捕获均值信息是投融资双方的最优选择，只有当企业的成长性很低时，捕获上下界信息才会优于均值信息。在只有上下界或者均值的情况下，PE的投资更有效率，融资企业要达到指定资产规模所需的成长性门槛更低。此外，我们还发现股权投融资双方与供应链核心企业在对市场需求信息的诉求方面存在矛盾冲突。

（3）以"对赌第一案"中股权投融资双方签订的对赌协议因"脱离了公司的经营业绩，有损公司及公司债权人的利益"而被最高人民法院判定无效为出发点，建立了报童模型，对导致我国众多企业对赌失败的直接原因——对赌业绩目标设置不合理这一问题进行了理论研究。发现了能够协调股权投融资双方的协作绩效区间，当对赌业绩目标在此区间内时，投融资双方可以达成一致协议，实现共赢。协作绩效区间受到企业估值、融资额以及企业的成长性的影响，其中，估值越高或者成长性越高的企业具有更大的协作绩效区间，更有利于投融资双方的合作，而投资额的增加却会导致区间两端向中间缩小，表明在对赌条款的约束下，融资企业应量力而为，追求过高融资额只会加剧企业的风险。另外，通过对"海富投资案"的实际仿真模拟，我们发现该对赌协议中的业绩目标确实远超协作绩效区间范围，法院判其无效是十分合理的，而融资方大股东过于乐观地估计市场需求造成决策的重大失利，也有着不可推卸的责任。

（4）探讨了我国众多企业在股权融资后出现运营矛盾冲突和绩效下滑的"对赌困局"问题，通过建立有无对赌协议两种情况下鲁棒运营模型，对企业运营决策、投融资双方的资产以及对赌标的财务指标进行了对比。研究发现，对赌协议对融资企业的运营行为具有激励和扭曲的双重效用，融资方在签订对赌协议之后会更加努力地去完成对赌业绩目标，以保证自身资产增值，但这种激励也扭曲了融资方的运营行为，降低企业总资产规模。对 PE 而言，若要实现对赌标的财务指标的大幅度增长，其自身资产必然大幅度降低；若减少 PE 资产的降低幅度，那么对赌标的财务指标的增长幅度又会变小。正是这样的"扭曲激励"效果导致了"对赌困局"的形成，为消除或者减轻这种"扭曲激励"作用，融资方应该选择与其战略目标相匹配的对赌标的或难易程度适当的业绩目标。

第二节 研究展望

本书虽然对成长型企业的股权融资问题进行了供应链鲁棒运营管理视角的研究与分析，但受时间与精力的限制，本书在研究内容的深度与广度方面还有所欠缺，未来的研究可以从以下几个方面展开：

第一，考虑股权投资者博弈、风险偏好的运营决策的制定。一方面，股权投资者可以通过对企业的估值倍数、投资额、对赌标的等参数的决策与融资方进行博弈，追求投资回报率、企业资产或者企业某项财务指标的最大化。目前由于受不确定性参数的影响，在进行多方博弈的时候存在求解方面的困难，未来或可通过新的求解工具、重新构建模型等方式来解决该问题。另一方面，投资者的风险偏好属性会直接影响股权投融资协议以及对赌协议的内容构成，对多方博弈以及供应链运作、决策等方面也有重要影响。在已实现部分基础研究的情况下，这部分的研究是未来重点考察的对象。

第二，股权融资下的多周期供应链运作模型研究。本书研究的供应链模型均为单周期的运营模型，虽然单周期是多周期模型的简化，在一定程度上也刻画了相应的组织与结构特点，但是股权融资本身就是企业运营中的一项基础而长远的战略性问题，利用多周期模型更加贴近其本质，能更好地刻画多周期或者多阶段中适应企业现状的不同战略目标。在理论工具上，多周期鲁棒优化方法、多周期供应链运作模型的发展也足够完善，因此在接下来的研究中，基于多周期供应链运作模型的成长型企业股权融资问题将是我们研究的重点。

第三，以市场占有率等为决策目标的股权融资问题研究。本书的研究主要以企业利润最大化或资产最大化作为股权融资者的决策目标，事实上，在企业的整个成长过程中，财务业绩并非始终是管理者最关心的方向，对于成长初期或者处于竞争环境下的企业，往往更关注市场份额的占有率，成长中期的企业会更关注财务业绩或者企业价值的提升，而对于成长后期的企业可能偏重多种因素综合考虑下的效用最大化。因此，在未来的研究中我们会根据企业的成长阶段和特点来探讨不同决策目标下的股权融资问题。

参 考 文 献

[1] 陈啸. 农村中小企业的融资意愿实证 [J]. 中国人口·资源与环境, 2013, 23 (3): 87-91.

[2] 陈艳艳. 员工股权激励的实施动机与经济后果研究 [J]. 管理评论, 2015, 27 (9): 163-176.

[3] 程继爽, 程锋. "对赌协议" 在我国企业中的应用 [J]. 中国管理信息化 (综合版), 2007, 10 (5): 49-50.

[4] 侯潇潇. 论对赌协议在学理和实践层面的争议问题 [J]. 学理论, 2013 (11): 116-120.

[5] 胡晓珂. 风险投资领域 "对赌协议" 的可执行性研究 [J]. 证券市场导报, 2011 (9): 68-73.

[6] 黄松, 杨超, 张曦. 考虑战略顾客行为带预算约束的多产品报童问题 [J]. 中国管理科学, 2011, 19 (3): 70-78.

[7] 林畅杰. 基于可持续增长模型的对赌协议及其财务效应研究 [J]. 国际商务财会, 2014, 306 (6): 84-87.

[8] 林强, 李苗. 保兑仓融资模式下收益共享契约的参数设计 [J]. 系统科学与数学, 2013, 33 (4): 430-444.

[9] 刘峰涛, 赵袁军, 刘玮. 重复对赌协议机制下企业两阶段融资博弈 [J]. 系统管理学报, 2017, 26 (3): 528-536.

[10] 刘会民. 鲁棒行为下的供应链运作决策研究 [D]. 重庆: 重庆大学经济与工商管理学院, 2015.

[11] 刘子涵. 对赌协议的合法性分析 [J]. 法制博览, 2015 (32):

50－52.

[12] 吕长江，韩慧博．业绩补偿承诺、协同效应与并购收益分配［J］．审计与经济研究，2014，29（6）：3－13.

[13] 吕新军．股权结构、高管激励与上市公司治理效率——基于异质性随机边界模型的研究［J］．管理评论，2015，27（6）：128－139.

[14] 米咏梅．企业融资中的对赌协议：激励与风险分析［J］．经济研究导刊，2009（36）：124－126.

[15] 邱若臻，黄小原．基于最小最大后悔值准则的供应链鲁棒协调模型［J］．系统管理学报，2011，20（3）：296－302.

[16] 邱若臻，黄小原，苑红涛．有限需求信息下基于回购契约的供应链鲁棒协调策略［J］．中国管理科学，2014，22（7）：34－42.

[17] 沈建男，骆建文，李超．不同付款方式下资金约束供应链的定价策略［J］．系统工程学报，2017，32（4）：513－321.

[18] 时广静．基于供应链金融的契约协调研究［D］．四川：西南交通大学经济管理学院，2008.

[19] 孙艳军．对赌协议的价值判断与我国多层次资本市场的发展［J］．上海金融，2011（9）：42－47.

[20] 王宇，于辉．供应链合作下零售商股权融资策略的模型分析［J］．中国管理科学，2017，25（6）：101－110.

[21] 王云霞．对赌协议的法律适用及风险防范［J］．西部法学评论，2013，101（1）：71－76.

[22] 项海容，李建军，刘星．基于激励视角的对赌合约研究［J］．上海经济研究，2009（3）：92－98.

[23] 肖菁．对赌协议与企业财务绩效的关系分析［J］．财会研究，2011（1）：42－43.

[24] 肖玉明，汪贤裕．基于回购契约的供应链协调与风险分担分析［J］．控制与决策，2008，23（8）：905－909.

[25] 谢海霞．对赌协议的法律性质探析［J］．法学杂志，2010，191（1）：73－76.

[26] 阎竣, 吕新业. 中小企业主股权融资意愿与控制权偏好研究——基于中国私营中小企业的经验证据 [J]. 商业经济与管理, 2010, 1 (2): 89-96.

[27] 晏妮娜, 孙宝文. 有限融资的供应链金融系统协调策略 [J]. 经济管理, 2014 (5): 143-152.

[28] 杨宏芹, 张岑. 对赌协议法律性质和效力研究——以"海富投资案"为视角 [J]. 江西财经大学学报, 2013, 89 (5): 123-128.

[29] 杨明宇. 私募股权投资中对赌协议性质与合法性探析——兼评海富投资案 [J]. 证券市场导报, 2014 (2): 61-71.

[30] 杨涛. 刍议对赌协议的法律效力 [J]. 法制与经济, 2014 (10): 98-100.

[31] 叶陈刚, 王孜, 武剑锋, 等. 外部治理、环境信息披露与股权融资成本 [J]. 南开管理评论, 2015, 18 (5): 85-96.

[32] 叶康涛, 陆正飞. 中国上市公司股权融资成本影响因素分析 [J]. 管理世界, 2004 (5): 127-131.

[33] 于辉, 李西, 王亚文. 电商参与的供应链融资模式: 银行借贷vs电商借贷 [J]. 中国管理科学, 2017, 25 (7): 134-140.

[34] 曾颖, 陆正飞. 信息披露质量与股权融资成本 [J]. 经济研究, 2006 (2): 69-79.

[35] 张波, 费一文, 黄培清. "对赌协议"的经济学研究 [J]. 上海管理科学, 2009, 31 (1): 6-10.

[36] 张春霖. 存在道德风险的委托代理关系: 理论分析及其应用中的问题 [J]. 经济研究, 1995 (8): 3-8.

[37] 赵昭. 对赌协议的合法性出路 [J]. 学术界, 2015 (2): 88-96.

[38] 赵忠奎. 对赌协议法律效力问题研究 [D]. 重庆: 西南政法大学民商法学院, 2016.

[39] 周嘉南, 段宏, 黄登仕. 投资者与创始人的争斗: 冲突来源及演化路径——基于我国公司公开冲突事件的案例分析 [J]. 管理世界, 2015 (6): 154-163.

[40] 周运兰. 我国高科技上市公司盈利能力、成长性和股权融资比较研究 [J]. 科技进步与对策, 2011, 28 (12): 96-100.

[41] 庄晋财, 程李梅. 中小企业不同成长阶段的融资意愿背离问题及其缓解路径 [J]. 财会月刊, 2012 (3): 28-30.

[42] Adulyasak Y, Jaillet P. Models and Algorithms for Stochastic and Robust Vehicle Routing with Deadlines [J]. Transportation Science, 2016, 50 (2): 608-626.

[43] Alemany L, Martí J. Unbiased Estimation of Economic Impact of Venture Capital Backed Firms [J]. SSRN Electronic Journal, 2005.

[44] Alford A W. The Effect of the Set of Comparable Firms on the Accuracy of the Price-Earnings Valuation Method [J]. Journal of Accounting Research, 1992, 30 (1): 94-108.

[45] Alvarez S A, Barney J B. Opportunities, organizations, and entrepreneurship [J]. Strategic Entrepreneurship Journal, 2008, 2 (4): 265.

[46] Amit R, Brander J, Zott C. Why do venture capital firms exist? Theory and Canadian evidence [J]. Journal of Business Venturing, 1998, 13 (6): 441-466.

[47] Andersson J, Jörnsten K, Nonås S L, et al. A maximum entropy approach to the newsvendor problem with partial information [J]. European Journal of Operational Research, 2013, 228 (1): 190-200.

[48] Ang M, Lim Y F, Sim M. Robust storage assignment in unit-load warehouses [J]. Management Science, 2012, 58 (11): 2114-2130.

[49] Angelopoulos K, Economides G, Philippopoulos A. Environmental public good provision under robust decision making [J]. Oxford Economic Papers, 2016, 69 (1): 118-142.

[50] Aouam T, Muthuraman K, Rardin R L. Robust optimization policy benchmarks and modeling errors in natural gas [J]. European Journal of Operational Research, 2016, 250 (3): 807-815.

[51] Arcot S. Participating convertible preferred stock in venture capital exits

[J]. Journal of Business Venturing, 2014, 29 (1): 72 - 87.

[52] Ardestani-Jaafari A, Delage E. Robust optimization of sums of piecewise linear functions with application to inventory problems [J]. Operations Research, 2016, 64 (2): 474 - 494.

[53] Arrow K J, Harris T, Marschak J. Optimal inventory policy [J]. Econometrica: Journal of the Econometric Society, 1951: 250 - 272.

[54] Atkinson S E, Ramdas K, Williams J W. Robust scheduling practices in the US airline industry: Costs, returns, and inefficiencies [J]. Management Science, 2016, 62 (11): 3372 - 3391.

[55] Ayvaz-Cavdaroglu N, Kachani S, Maglaras C. Revenue management with minimax regret negotiations [J]. Omega, 2016, 63 (8): 12 - 22.

[56] Baierl R, Anokhin S, Grichnik D. Coopetition in corporate venture capital: the relationship between network attributes, corporate innovativeness, and financial performance [J]. International Journal of Technology Management, 2016, 71 (1 - 2): 58 - 80.

[57] Balbás A, Balbás B, Balbás R. Good deals and benchmarks in robust portfolio selection [J]. European Journal of Operational Research, 2016, 250 (2): 666 - 678.

[58] Ball M O, Queyranne M. Toward robust revenue management: Competitive analysis of online booking [J]. Operations Research, 2009, 57 (4): 950 - 963.

[59] Bancel F, Mittoo U R. The Gap between the Theory and Practice of Corporate Valuation: Survey of European Experts [J]. Journal of Applied Corporate Finance, 2014, 26 (4): 106 - 117.

[60] Bandi C, Bertsimas D. Tractable stochastic analysis in high dimensions via robust optimization [J]. Mathematical Programming, 2012, 134 (1): 23 - 70.

[61] Bandi C, Bertsimas D, Youssef N. Robust queueing theory [J]. Operations Research, 2015, 63 (3): 676 - 700.

[62] Barber B M, Yasuda A. Interim fund performance and fundraising in

private equity [J]. Journal of Financial Economics, 2017, 124 (1): 172-194.

[63] Barbopoulos L, Sudarsanam S. Determinants of earnout as acquisition payment currency and bidder's value gains [J]. Journal of Banking & Finance, 2012, 36 (3): 678-694.

[64] Barbopoulos L, Wilson J O S. The Valuation Effects of Earnouts in Mergers and Acquisitions of US Financial Institutions [J]. SSRN Electronic Journal, 2016.

[65] Batjargal B, Liu M. Entrepreneurs' access to private equity in China: The role of social capital [J]. Organization Science, 2004, 15 (2): 159-172.

[66] Bengtsson O. Covenants in venture capital contracts [J]. Management Science, 2011, 57 (11): 1926-1943.

[67] Bengtsson O, Hsu D H. Ethnic matching in the US venture capital market [J]. Journal of Business Venturing, 2015, 30 (2): 338-354.

[68] Benson D, Ziedonis R H. Corporate venture capital as a window on new technologies: Implications for the performance of corporate investors when acquiring startups [J]. Organization Science, 2008, 20 (2): 329-351.

[69] Ben-Tal A, Bertsimas D, Brown D B. A soft robust model for optimization under ambiguity [J]. Operations Research, 2010, 58 (4): 1220-1234.

[70] Ben-Tal A, Do Chung B, Mandala S R, et al.. Robust optimization for emergency logistics planning: Risk mitigation in humanitarian relief supply chains [J]. Transportation Research Part B: Methodological, 2011, 45 (8): 1177-1189.

[71] Ben-Tal A, El Ghaoui L, Nemirovski A. Robust semidefinite programming [M]. Handbook on Semidefinite Programming, 1998.

[72] Ben-Tal A, Goryashko A, Guslitzer E, et al.. Adjustable robust solutions of uncertain linear programs [J]. Mathematical Programming, 2004, 99 (2): 351-376.

[73] Ben-Tal A, Nemirovski A. Robust truss topology design via semidefinite programming [M]. Society for Industrial and Applied Mathematics, 1997.

[74] Ben-Tal A, Nemirovski A. Robust convex optimization [J]. Mathematics of Operations Research, 1998, 23 (4): 769 – 805.

[75] Ben-Tal A, Nemirovski A. Robust solutions of uncertain linear programs [J]. Operations Research Letters, 1999, 25 (1): 1 – 13.

[76] Ben-Tal A, Nemirovski A. Selected topics in robust convex optimization [J]. Mathematical Programming, 2008, 112 (1): 125 – 158.

[77] Ben-Tal A, Nemirovski A, Roos C. Robust solutions of uncertain quadratic and conic-quadratic problems [J]. SIAM Journal on Optimization, 2002, 13 (2): 535 – 560.

[78] Bergmann D, Hege U. Dynamic venture capital financing, learning, and moral hazard. Journal of Banking and Finance, 1998, 22 (6): 703 – 735.

[79] Bertoni F, Colombo M G, Grilli L. External private equity financing and the growth of new technology based firms: The chicken and egg problem revisited [C]. Annual Entrepreneurship, Innovation and Small Business (EISB) Conference, Barcelona. 2005.

[80] Bertsimas D, Brown D B, Caramanis C. Theory and applications of robust optimization [J]. SIAM Review, 2011, 53 (3): 464 – 501.

[81] Bertsimas D, Gamarnik D, Rikun A A. Performance analysis of queueing networks via robust optimization [J]. Operations Research, 2011, 59 (2): 455 – 466.

[82] Bertsimas D, Mišić V V. Robust product line design [J]. Operations Research, 2017, 65 (1): 19 – 37.

[83] Bertsimas D, Pachamanova D, Sim M. Robust linear optimization under general norms [J]. Operations Research Letters, 2004, 32 (6): 510 – 516.

[84] Bertsimas D, Popescu I. Optimal inequalities in probability theory: A convex optimization approach [J]. SIAM Journal on Optimization, 2005, 15 (3): 780 – 804.

[85] Bertsimas D, Sim M. Robust discrete optimization and network flows [J]. Mathematical Programming, 2003, 98 (1): 49 – 71.

[86] Bertsimas D, Sim M. The price of robustness [J]. Operations Research, 2004, 52 (1): 35-53.

[87] Bertsimas D, Sim M. Tractable approximations to robust conic optimization problems [J]. Mathematical Programming, 2006, 107 (1-2): 5-36.

[88] Birge J R, Louveaux F. Introduction to stochastic programming [M]. Springer Science & Business Media, 2011.

[89] Bloom N, Sadun R, Van Reenen J. Do private equity owned firms have better management practices? [J]. American Economic Review, 2015, 105 (5): 442-446.

[90] Bonazzi G, Iotti M. Evaluation of investment in renovation to increase the quality of buildings: A specific Discounted Cash Flow (DCF) approach of appraisal [J]. Sustainability, 2016, 8 (3): 268.

[91] Bortfeld T, Chan T C Y, Trofimov A, et al.. Robust management of motion uncertainty in intensity-modulated radiation therapy [J]. Operations Research, 2008, 56 (6): 1461-1473.

[92] Botosan C A, Plumlee M A. A Re-examination of Disclosure Level and the Expected Cost of Equity Capital [J]. Journal of Accounting Research, 2002, 40 (1): 21-40.

[93] Bottazzi L, Da Rin M, Hellmann T. Who are the active investors?: Evidence from venture capital [J]. Journal of Financial Economics, 2008, 89 (3): 488-512.

[94] Brandao F G S L, Vianna R O. Robust semidefinite programming approach to the separability problem [J]. Physical Review A, 2004, 70 (6): 1-6.

[95] Brander J A, Amit R, Antweiler W. Venture-Capital Syndication: Improved Venture Selection vs. The Value-Added Hypothesis [J]. Journal of Economics & Management Strategy, 2010, 11 (3): 423-452.

[96] Bruton G D, Filatotchev I, Chahine S, et al.. Governance, ownership structure, and performance of IPO firms: The impact of different types of private equity investors and institutional environments [J]. Strategic Management Journal,

2010, 31 (5): 491-509.

[97] Bygrave W D. The structure of the investment networks of venture capital firms [J]. Journal of Business Venturing, 1988, 3 (2): 137-157.

[98] Cachon G P. Supply chain coordination with contracts [J]. Handbooks in Operations Research and Management Science, 2003, 11 (11): 227-339.

[99] Cadman B, Carrizosa R, Faurel L. Economic determinants and information environment effects of earnouts: New insights from SFAS 141 (R) [J]. Journal of Accounting Research, 2014, 52 (1): 37-74.

[100] Cain M D, Denis D J, Denis D K. Earnouts: A study of financial contracting in acquisition agreements [J]. Journal of Accounting and Economics, 2011, 51 (1): 151-170.

[101] Capasso A, Faraci R, Picone P M. Equity-worthiness and equity-willingness: Key factors in private equity deals [J]. Business Horizons, 2014, 57 (5): 637-645.

[102] Caprara A, Galli L, Stiller S, et al.. Delay-robust event scheduling [J]. Operations Research, 2014, 62 (2): 274-283.

[103] Chakma J, Sammut S M. Innovation: venture capital is vital too. [J]. Nature, 2011, 469 (7330): 299.

[104] Chemmanur T J, Krishnan K, Nandy D K. How Does Venture Capital Financing Improve Efficiency in Private Firms? A Look Beneath the Surface [J]. Social Science Electronic Publishing, 2011, 24 (12): 4037-4090.

[105] Chen D, Meng F, Ang J, et al.. A robust optimization model for managing elective admission in hospital [R]. Technical report, National University of Singapore, Singapore, 2011.

[106] Chen W, Sim M, Sun J, et al.. From CVaR to uncertainty set: Implications in joint chance-constrained optimization [J]. Operations Research, 2010, 58 (2): 470-485.

[107] Chen X, Sun P. Optimal Structural Policies for Ambiguity and Risk Averse Inventory and Pricing Models [J]. SIAM Journal on Control and Optimiza-

tion, 2012, 50 (1), 133 – 146.

[108] Chen X, Wan G. The effect of financing on a budget-constrained supply chain under wholesale price contract [J]. Asia-Pacific Journal of Operational Research, 2011, 28 (4): 457 – 485.

[109] Chen X P, Yao X, Kotha S. Entrepreneur passion and preparedness in business plan presentations: a persuasion analysis of venture capitalists' funding decisions [J]. Academy of Management journal, 2009, 52 (1): 199 – 214.

[110] Chi T, Nystrom P C. Decision dilemmas facing managers: recognizing the value of learning while making sequential decisions [J]. Omega, 1995, 23 (3): 303 – 312.

[111] Chittenden F, Hall G, Hutchinson P. Small firm growth, access to capital markets and financial structure: Review of issues and an empirical investigation [J]. Small Business Economics, 1996, 8 (1): 59 – 67.

[112] Chung B D, Yao T, Friesz T L, et al.. Dynamic congestion pricing with demand uncertainty: A robust optimization approach [J]. Transportation Research Part B, 2012, 46 (10): 1504 – 1518.

[113] Costa O L V, de Oliveira Ribeiro C, Rego E E, et al.. Robust portfolio optimization for electricity planning: An application based on the Brazilian electricity mix [J]. Energy Economics, 2017, 64: 158 – 169.

[114] Corvello V, Iazzolino G, Ritrovato V. Evaluating Technological Innovations: A method Based on Comparable Transactions [J]. European Journal of Economics Finance & Administrative Sciences, 2013, 56: 37 – 50.

[115] Craig B, Simith A. The art of earnouts [J]. Strategic Finance, 2003 (84): 44 – 47.

[116] Croce A, Martí J, Murtinu S. The impact of venture capital on the productivity growth of European entrepreneurial firms: 'Screening' or 'value added' effect? [J]. Journal of Business Venturing, 2013, 28 (4): 489 – 510.

[117] Cumming D. Contracts and exits in venture capital finance [J]. The Review of Financial Studies, 2008, 21 (5): 1947 – 1982.

[118] Cumming D, Fleming G, Suchard J A. Venture capitalist value-added activities, fundraising and drawdowns [J]. Journal of Banking & Finance, 2005, 29 (2): 295 -331.

[119] Cumming D, Macintosh J G. Crowding out private equity: Canadian evidence [J]. Journal of Business Venturing, 2006, 21 (5): 569 -609.

[120] Dalrymple D J. Sales forecasting practices: Results from a United States survey [J]. International Journal of Forecasting, 1987, 3 (4): 379 -391.

[121] De Bettignies J E, Duchêne A. Product Market Competition and the Financing of New Ventures [J]. Management Science, 2015, 61 (8): 1849 -1867.

[122] Dimov D P, Shepherd D A. Human capital theory and venture capital firms: exploring "home runs" and "strike outs" [J]. Journal of Business Venturing, 2005, 20 (1): 1 -21.

[123] Doan X V, Li X, Natarajan K. Robustness to dependency in portfolio optimization using overlapping marginals [J]. Operations Research, 2015, 63 (6): 1468 -1488.

[124] Drover W, Busenitz L, Matusik S, et al.. A Review and Road Map of Entrepreneurial Equity Financing Research: Venture Capital, Corporate Venture Capital, Angel Investment, Crowdfunding, and Accelerators [J]. Journal of Management, 2017, 43 (3): 1820 -1853.

[125] Drover W, Wood M S, Fassin Y. Take the money or run? Investors' ethical reputation and entrepreneurs' willingness to partner [J]. Journal of Business Venturing, 2014, 29 (6): 723 -740.

[126] Drover W, Wood M S, Zacharakis A. Attributes of angel and crowd-funded investments as determinants of VC screening decisions [J]. Entrepreneurship Theory and Practice, 2017, 41 (3): 323 -347.

[127] Dupuis P. Explicit solution to a robust queueing control problem [J]. SIAM Journal on Control and Optimization, 2003, 42 (5): 1854 -1875.

[128] Edgeworth F Y. The mathematical theory of banking [J]. Journal of the Royal Statistical Society, 1888, 51 (1): 113 -127.

[129] El Ghaoui L, Lebret H. Robust solutions to least-squares problems with uncertain data [J]. SIAM Journal on Matrix Analysis and Applications, 1997, 18 (4): 1035 – 1064.

[130] El Ghaoui L, Oustry F, Lebret H. Robust solutions to uncertain semi-definite programs [J]. SIAM Journal on Optimization, 1998, 9 (1): 33 – 52.

[131] Fernandes B, Street A, Valladão D, et al.. An adaptive robust portfolio optimization model with loss constraints based on data-driven polyhedral uncertainty sets [J]. European Journal of Operational Research, 2016, 255 (3): 961 – 970.

[132] Fernandez P. Company Valuation Methods: Most common errors in valuation [C]. SSRN Electronic Journal, 2007.

[133] Fischetti M, Monaci M. Light robustness [M] Springer-Verlag, Berlin, Heidelberg, 2009.

[134] Fisher M, Raman A. Reducing the cost of demand uncertainty through accurate response to early sales [J]. Operations Research, 1996, 44 (1): 87 – 99.

[135] Florida R, Kenney M. Venture capital and high technology entrepreneurship [J]. Journal of Business Venturing, 1988, 3 (4): 301 – 319.

[136] Franke N, Gruber M, Harhoff D, et al.. What you are is what you like—similarity biases in venture capitalists' evaluations of start-up teams [J]. Journal of Business Venturing, 2006, 21 (6): 802 – 826.

[137] Franke N, Gruber M, Harhoff D, et al.. Venture Capitalists' Evaluations of Start-Up Teams: Trade-Offs, Knock-Out Criteria, and the Impact of VC Experience [J]. Entrepreneurship Theory and Practice, 2008, 32 (3): 459 – 483.

[138] Fu Y, Fu Y, Song L, et al.. Slot allocation with minimum quantity commitment in container liner revenue management: A robust optimization approach [J]. The International Journal of Logistics Management, 2016, 27 (3): 650 – 667.

[139] Gabrel V, Murat C, Thiele A. Recent advances in robust optimization: An overview [J]. European Journal of Operational Research, 2014, 235

(3): 471 – 483.

[140] Gallego G, Moon I. The distribution free newsboy problem: Review and extensions [J]. Journal of the Operational Research Society, 1993, 44 (8): 825 – 834.

[141] Gejadze M, Giot P, Schwienbacher A. Private equity fundraising and firm specialization [J]. The Quarterly Review of Economics and Finance, 2017, 64: 259 – 274.

[142] Goerigk M, Schöbel A. Algorithm engineering in robust optimization [M]. Algorithm engineering. Springer International Publishing, 2016.

[143] Goh J, Sim M. Distributionally robust optimization and its tractable approximations [J]. Operations Research, 2010, 58 (4): 902 – 917.

[144] Goh J, Sim M. Robust optimization made easy with ROME [J]. Operations Research, 2011, 59 (4): 973 – 985.

[145] Gompers P, Lerner J. What drives venture capital fundraising? [R]. National Bureau of Economic Research, 1999.

[146] Gompers P, Lerner J. Equity Financing [M]. Handbook of Entrepreneurship Research. Springer New York, 2010.

[147] Gönsch J. A Survey on Risk-averse and Robust Revenue Management [J]. European Journal of Operational Research, 2017, 263 (2): 337 – 348.

[148] Gorman M, Sahlman W A. What do venture capitalists do? [J]. Journal of Business Venturing, 1989, 4 (4): 231 – 248.

[149] Goryashko A P, Nemirovski A S. Robust energy cost optimization of water distribution system with uncertain demand [J]. Automation and Remote Control, 2014, 75 (10): 1754 – 1769.

[150] Gounaris C E, Repoussis P P, Tarantilis C D, et al. An adaptive memory programming framework for the robust capacitated vehicle routing problem [J]. Transportation Science, 2016, 50 (4): 1239 – 1260.

[151] Guerini M, Quas A. Governmental venture capital in Europe: Screening and certification [J]. Journal of Business Venturing, 2016, 31 (2): 175 –

195.

[152] Gülpınar N, Çanakoğlu E. Robust portfolio selection problem under temperature uncertainty [J]. European Journal of Operational Research, 2017, 256 (2): 500 –523.

[153] Gülpınar N, Pachamanova D, Çanakoğlu E. Robust strategies for facility location under uncertainty [J]. European Journal of Operational Research, 2013, 225 (1): 21 –35.

[154] Han Q, Du D, Zuluaga L F. A risk-and ambiguity-averse extension of the max-min newsvendor order formula [J]. Operations Research, 2014, 62 (3): 535 –542.

[155] Hegde D, Tumlinson J. Does social proximity enhance business partnerships? Theory and evidence from ethnicity's role in US venture capital [J]. Management Science, 2014, 60 (9): 2355 –2380.

[156] Hellmann T. IPOs, acquisitions, and the use of convertible securities in venture capital [J]. Journal of Financial Economics, 2006, 81 (3): 649 –679.

[157] Hellmann T, Puri M. The interaction between product market and financing strategy: The role of venture capital [J]. Review of Financial Studies, 2000, 13 (4): 959 –984.

[158] Hellmann T, Puri M. Venture capital and the professionalization of start-up firms: Empirical evidence [J]. The Journal of Finance, 2002, 57 (1): 169 –197.

[159] Heydari J, Asl-Najafi J. Coordinating inventory decisions in a two-echelon supply chain through the target sales rebate contract [J]. International Journal of Inventory Research, 2016, 3 (1): 49 –69.

[160] Hochberg Y V, Ljungqvist A, Lu Y. Whom you know matters: Venture capital networks and investment performance [J]. The Journal of Finance, 2007, 62 (1): 251 –301.

[161] Holmstrom B, Weiss L. Managerial Incentives, Investment and Aggregate Implications: Scale Effects [J]. Review of Economic Studies, 1985, 52

(3): 403 -425.

[162] Hong D H, Choi C H. Multicriteria fuzzy decision-making problems based on vague set theory [J]. Fuzzy Sets and Systems, 2000, 114 (1): 103 -113.

[163] Howorth C A. Small Firms' Demand for Finance: A Research Note [J]. International Small Business Journal, 2001, 19 (4): 78 -86.

[164] Hsu D H. What do entrepreneurs pay for venture capital affiliation? [J]. The Journal of Finance, 2004, 59 (4): 1805 -1844.

[165] Huyett W I, Viguerie S P. Extreme competition [J]. McKinsey Quarterly, 2005, 1: 46 -57.

[166] Harrison J M, Keskin N B, Zeevi A. Bayesian dynamic pricing policies: Learning and earning under a binary prior distribution [J]. Management Science, 2012, 58 (3): 570 -586.

[167] Iancu D A, Trichakis N. Pareto efficiency in robust optimization [J]. Management Science, 2013, 60 (1): 130 -147.

[168] Isii K. On sharpness of Tchebycheff-type inequalities [J]. Annals of the Institute of Statistical Mathematics, 1962, 14 (1): 185 -197.

[169] Ivanovski Z, Ivanovska N, Narasanov Z. Application of Dividend Discount Model Valuation at Macedonian Stock-exchange [J]. Utms Journal of Economics, 2015, 6 (1): 147 -154.

[170] Jääskeläinen M, Maula M. Do networks of financial intermediaries help reduce local bias? Evidence from cross-border venture capital exits [J]. Journal of Business Venturing, 2014, 29 (5): 704 -721.

[171] Jensen M C. The Modern Industrial Revolution, Exit, and the Failure of Internal Control Systems [J]. Journal of Finance, 1993, 48 (3): 831 -880.

[172] Kalaı R, Lamboray C, Vanderpooten D. Lexicographic α-robustness: An alternative to min-max criteria [J]. European Journal of Operational Research, 2012, 220 (3): 722 -728.

[173] Kall P. Stochastic Programming [J]. European Journal of Operational

Research, 1982, 10 (2): 125 -130.

[174] Kanda A, Deshmukh S G. Supply chain coordination: perspectives, empirical studies and research directions [J]. International journal of production Economics, 2008, 115 (2): 316 -335.

[175] Kaplan S N, Strömberg P. Financial contracting theory meets the real world: An empirical analysis of venture capital contracts [J]. The Review of Economic Studies, 2003, 70 (2): 281 -315.

[176] Kaplan S N, Strömberg P. Characteristics, contracts, and actions: Evidence from venture capitalist analyses [J]. The Journal of Finance, 2004, 59 (5): 2177 -2210.

[177] Kardes E, Ordóñez F, Hall R W. Discounted Robust Stochastic Games and an Application to Queueing Control. [J]. Operations Research, 2011, 59 (2): 365 -382.

[178] Kataoka S. A stochastic programming model [J]. Econometrica: Journal of the Econometric Society, 1963: 181 -196.

[179] Khanin D, Turel O. Conflicts and regrets in the venture capitalist-Entrepreneur relationship [J]. Journal of Small Business Management, 2015, 53 (4): 949 -969.

[180] Kirsch D, Goldfarb B, Gera A. Form or substance: the role of business plans in venture capital decision making [J]. Strategic Management Journal, 2009, 30 (5): 487 -515.

[181] Kohers N, Ang J. Earnouts in mergers: Agreeing to disagree and agreeing to stay [J]. The Journal of Business, 2000, 73 (3): 445 -476.

[182] Koller T. , Goedhart M. , Wessels D. Valuation: measuring and managing the value of companies [M]. US: John Wiley and Sons, 5th Edition, 2010.

[183] Kong Q, Lee C Y, Teo C P, et al. . Scheduling arrivals to a stochastic service delivery system using copositive cones [J]. Operations Research, 2013, 61 (3): 711 -726.

[184] Kouvelis P, Yu G. Robust discrete optimization and its applications

[M]. Springer Science & Business Media, 2013.

[185] Kut C, Smolarski J. Risk management in private equity funds: a comparative study of Indian and Franco-German funds [J]. Journal of Developmental Entrepreneurship, 2006, 11 (1): 35 – 55.

[186] Lau H S, Lau A H L. Reordering strategies for a newsboy-type product [J]. European Journal of Operational Research, 1997, 103 (3): 557 – 572.

[187] Lee H S. Peer networks in venture capital [J]. Journal of Empirical Finance, 2017, 41: 19 – 30.

[188] Lee S H, Peng M W, Barney J B. Bankruptcy law and entrepreneurship development: A real options perspective [J]. Academy of Management Review, 2007, 32 (1): 257 – 272.

[189] Lerner J. The Syndication of Venture Capital Investments [J]. Financial Management, 1994, 23 (3): 16 – 27.

[190] Lerner J, Schoar A. Does legal enforcement affect financial transactions? The contractual channel in private equity [J]. Quarterly Journal of Economics, 2005, 120 (1): 223 – 246.

[191] Li F, Liu F, Wen W. The research on financial risk investment policy to high technology industry [J]. Asian Social Science, 2015, 11 (18): 25 – 30.

[192] Li Y. Duration analysis of venture capital staging: A real options perspective [J]. Journal of Business Venturing, 2008, 23 (5): 497 – 512.

[193] Li Y, Vertinsky I B, Li J. National distances, international experience, and venture capital investment performance [J]. Journal of Business Venturing, 2014, 29 (4): 471 – 489.

[194] Li Y, Zahra S A. Formal institutions, culture, and venture capital activity: A cross-country analysis [J]. Journal of Business Venturing, 2012, 27 (1): 95 – 111.

[195] Link A N, Ruhm C J, Siegel D S. Private equity and the innovation strategies of entrepreneurial firms: Empirical evidence from the small business innovation research program [J]. Managerial & Decision Economics, 2014, 35 (2):

103 - 113.

[196] Löfberg J. Automatic robust convex programming [J]. Optimization Methods and Software, 2012, 27 (1): 115 - 129.

[197] Lopatatzidis S, De Bock J, De Cooman G, et al.. Robust queueing theory: an initial study using imprecise probabilities [J]. Queueing Systems, 2016, 82 (1 -2): 75 -101.

[198] Lopes A B, Alencar R C D. Disclosure and cost of equity capital in emerging markets: The Brazilian case [J]. International Journal of Accounting, 2010, 45 (4): 443 -464.

[199] Lukas E, Reuer J J, Welling A. Earnouts in mergers and acquisitions: A game-theoretic option pricing approach [J]. European Journal of Operational Research, 2012, 223 (1): 256 -263.

[200] Mak H Y, Rong Y, Zhang J. Appointment scheduling with limited distributional information [J]. Management Science, 2014, 61 (2): 316 -334.

[201] Mamani H, Nassiri S, Wagner M R. Closed-form solutions for robust inventory management [J]. Management Science, 2016, 63 (5): 1625 -1643.

[202] Matsuyama K. The multi-period newsboy problem [J]. European Journal of Operational Research, 2006, 171 (1): 170 -188.

[203] Meng F, Qi J, Zhang M, et al.. A robust optimization model for managing elective admission in a public hospital [J]. Operations Research, 2015, 63 (6): 1452 -1467.

[204] Meraklı M, Yaman H. Robust intermodal hub location under polyhedral demand uncertainty [J]. Transportation Research Part B: Methodological, 2016, 86: 66 -85.

[205] Modigliani F, Miller M H. The cost of capital, corporation finance and the theory of investment [J]. The American Economic Review, 1958, 48 (3): 261 -297.

[206] Moldoveanu M, Baum J A C. Contemporary Debates in organizational Epistemology [M]. Companion to Organizations. Oxford: Blackwell Publishers

Ltd, 2002.

[207] Murnieks C Y, Haynie J M, Wiltbank R E, et al.. I Like How You Think: similarity as an interaction bias in the investor-entrepreneur dyad [J]. Journal of Management Studies, 2011, 48 (7): 1533 – 1561.

[208] Murray G C. Evolution and change: an analysis of the first decade of the UK venture capital industry [J]. Journal of Business Finance & Accounting, 1995, 22 (8): 1077 – 1106.

[209] Myers S C, Majluf N S. Corporate financing and investment decisions when firms have information that investors do not have [J]. Journal of Financial Economics, 1984, 13 (2): 187 – 221.

[210] Natarajan K, Sim M, Teo C P. Beyond risk: Ambiguity in supply chains [J]. Handbook of Integrated Risk Management in Global Supply Chains, 2011, 1: 103 – 124.

[211] Neher D V. Staged financing: an agency perspective [J]. The Review of Economic Studies, 1999, 66 (2): 255 – 274.

[212] Notaro S, Paletto A. The Economic Valuation of Natural Hazards in Mountain Forests: An Approach Based on the Replacement Cost Method [J]. Journal of Forest Economics, 2012, 18 (4): 318 – 328.

[213] Ogier M, Cung V D, Boissière J, et al.. Decentralised planning coordination with quantity discount contract in a divergent supply chain [J]. International Journal of Production Research, 2013, 51 (9): 2776 – 2789.

[214] Oishi Y, Isaka Y. Exploiting sparsity in the matrix-dilation approach to robust semidefinite programming [J]. Journal of the Operations Research Society of Japan, 2009, 52 (3): 321 – 338.

[215] Ou C, Haynes G W. Acquisition of additional equity capital by small firms-findings from the national survey of small business finances [J]. Small Business Economics, 2006, 27 (2): 157 – 168.

[216] Paglia J K, Harjoto M A. The effects of private equity and venture capital on sales and employment growth in small and medium-sized businesses [J].

Journal of Banking & Finance, 2014, 47 (1): 177-197.

[217] Pasternack B A. Optimal pricing and return policies for perishable commodities [J]. Marketing Science, 1985, 4 (2): 166-176.

[218] Perakis G, Roels G. Regret in the newsvendor model with partial information [J]. Operations Research, 2008, 56 (1): 188-203.

[219] Petkova A P, Rindova V P, Gupta A K. No news is bad news: Sensegiving activities, media attention, and venture capital funding of new technology organizations [J]. Organization Science, 2013, 24 (3): 865-888.

[220] Petty J S, Gruber M. "In pursuit of the real deal": A longitudinal study of VC decision making [J]. Journal of Business Venturing, 2011, 26 (2): 172-188.

[221] Popescu I. A semidefinite programming approach to optimal-moment bounds for convex classes of distributions [J]. Mathematics of Operations Research, 2005, 30 (3): 632-657.

[222] Potthoff D, Huisman D, et al.. A Quasi-Robust Optimization Approach for Crew Rescheduling [J]. Transportation Science, 2016, 50 (1): 204-215.

[223] Povaly S. Private equity exits: Divestment process management for leveraged buyouts [M]. Springer Science & Business Media, 2007.

[224] Reddy N. R. V. R., Rajesh M., Reddy T. N. Valuation through EVA and Traditional Measures an Empirical study [J]. International Journal of Trade, Economics and Finance, 2011, 2 (1): 19-23.

[225] Richardson A J, Welker M. Social disclosure, financial disclosure and the cost of equity capital [J]. Accounting Organizations & Society, 2001, 26 (7): 597-616.

[226] Rikun A A. Applications of robust optimization to queueing and inventory systems [D]. Massachusetts Institute of Technology, 2011.

[227] Robbie W, Mike K. Venture capital and private equity: A review and synthesis [J]. Journal of Business Finance & Accounting, 1998, 25 (6): 521-

570.

[228] Robinson R B. Emerging strategies in the venture capital industry [J]. Journal of Business Venturing, 1987, 2 (1): 53-77.

[229] Roels G. Information and decentralization in inventory, supply chain, and transportation systems [D]. Massachusetts Institute of Technology, 2006.

[230] Roy B. Robustness in operational research and decision aiding: A multi-faceted issue [J]. European Journal of Operational Research, 2010, 200 (3): 629-638.

[231] Rujeerapaiboon N, Kuhn D, Wiesemann W. Robust growth-optimal portfolios [J]. Management Science, 2015, 62 (7): 2090-2109.

[232] Rusmevichientong P, Topaloglu H. Robust assortment optimization in revenue management under the multinomial logit choice model [J]. Operations Research, 2012, 60 (4): 865-882.

[233] Sahlman W A. The structure and governance of venture-capital organizations [J]. Journal of Financial Economics, 1990, 27 (2): 473-521.

[234] Samila S, Sorenson O. Noncompete covenants: Incentives to innovate or impediments to growth [J]. Management Science, 2011, 57 (3): 425-438.

[235] Samuelson P A. Lifetime portfolio selection by dynamic stochastic programming [J]. The Review of Economics and Statistics, 1969: 239-246.

[236] Sapienza H J. When do venture capitalists add value? [J]. Journal of Business Venturing, 1992, 7 (1): 9-27.

[237] Sappington D E M. Incentives in principal-agent relationships [J]. The Journal of Economic Perspectives, 1991: 45-66.

[238] Savage L J. The Theory of Statistical Decision [J]. Journal of the American Statistical Association, 1951, 46 (253): 55-67.

[239] Scarf H. A min-max solution of an inventory problem [J]. Studies in the Mathematical Theory of Inventory and Production, 1958, 10 (2): 201-209.

[240] Seitz A, Ehm H, Akkerman R, et al.. A robust supply chain planning framework for revenue management in the semiconductor industry [J]. Journal

of Revenue and Pricing Management, 2016, 15 (6): 523 - 533.

[241] Shane S, Stuart T. Organizational endowments and the performance of university start-ups [J]. Management Science, 2002, 48 (1): 154 - 170.

[242] Shapiro A. On duality theory of conic linear problems [M]. Semi-infinite Programming. Springer US, 2001.

[243] Sierag D, van der Mei R. Single-leg choice-based revenue management: a robust optimisation approach [J]. Journal of Revenue and Pricing Management, 2016, 15 (6): 454 - 467.

[244] Simatupang T M, Sridharan R. The collaborative supply chain [J]. The International Journal of Logistics Management, 2002, 13 (1): 15 - 30.

[245] Solyalı O, Cordeau J F, Laporte G. The impact of modeling on robust inventory management under demand uncertainty [J]. Management Science, 2016, 62 (4): 1188 - 1201.

[246] Sørensen M. How smart is smart money? A two-sided matching model of Venture Capital [J]. The Journal of Finance, 2007, 62 (6): 2725 - 2762.

[247] Sorenson O, Stuart T E. Bringing the context back in: Settings and the search for syndicate partners in venture capital investment networks [J]. Administrative Science Quarterly, 2008, 53 (2): 266 - 294.

[248] Soyster A L. Convex programming with set-inclusive constraints and applications to inexact linear programming [J]. Operations Research, 1973, 21 (5): 1154 - 1157.

[249] Stubner S, Wulf T, Hungenberg H. Management support and the performance of entrepreneurial start-ups-an empirical analysis of newly founded companies in Germany [J]. Schmalenbach Business Review, 2007, 59: 138 - 159.

[250] Suchard J A. The impact of venture capital backing on the corporate governance of Australian initial public offerings [J]. Journal of Banking & Finance, 2009, 33 (4): 765 - 774.

[251] Tang Y, Zeng L, Li C, et al.. Venture capital and the corporate performance after ipo: Based China GEM market [C]. Proceedings of the Ninth Inter-

national Conference on Management Science and Engineering Management. Springer Berlin Heidelberg, 2015: 1023 – 1033.

[252] Takeda A, Taguchi S, Tanaka T. A relaxation algorithm with a probabilistic guarantee for robust deviation optimization [J]. Computational Optimization & Applications, 2010, 47 (1): 1 – 31.

[253] Taylor T A. Supply chain coordination under channel rebates with sales effort effects [J]. Management Science, 2002, 48 (8): 992 – 1007.

[254] Timmons J A, Bygrave W D. Venture capital's role in financing innovation for economic growth [J]. Journal of Business Venturing, 1986, 1 (2): 161 – 176.

[255] Trigeorgis L. Real options: Managerial flexibility and strategy in resource allocation [M]. Cambridge, Massachusetts Institute of Technology Press, 1996.

[256] Tyebjee T T, Bruno A V. A model of venture capitalist investment activity [J]. Management Science, 1984, 30 (9): 1051 – 1066.

[257] Vairaktarakis G L. Robust multi-item newsboy models with a budget constraint [J]. International Journal of Production Economics, 2000, 66 (3): 213 – 226.

[258] Vimpari J, Junnila S. Value Influencing Mechanism of Green Certificates in the Discounted Cash Flow Valuation [J]. International Journal of Strategic Property Management, 2014, 18 (3): 238 – 252.

[259] Wadecki A A, Brophy D J. Determinants of Private Equity Fundraising: An Analysis of Competition, Uncertainty, and Barriers to Entry [J]. SSRN Electronic Journal, 2011.

[260] Wang F, Choi I C. Optimal Decisions in a Single-Period Supply Chain with Price-Sensitive Random Demand under a Buy-Back Contract [J]. Mathematical Problems in Engineering, 2014.

[261] Wang X, Wang X, Su Y. Wholesale-price contract of supply chain with information gathering [J]. Applied Mathematical Modelling, 2013, 37 (6):

3848 – 3860.

[262] Wang Z, Zhou Y, Tang J, et al.. The Prediction of Venture Capital Co-Investment Based on Structural Balance Theory [J]. IEEE Transactions on Knowledge & Data Engineering, 2016, 28 (2): 537 – 550.

[263] Whitehead N E. Commentary on Des Jarlais et al. (2017): Robust public health policies as a way forward in the HIV epidemic [J]. Addiction, 2017, 112 (2): 299 – 300.

[264] Whitin T M. Inventory control and price theory [J]. ManagementScience, 1955, 2 (1): 61 – 68.

[265] Wiesemann W, Kuhn D, Sim M. Distributionally robust convex optimization [J]. Operations Research, 2014, 62 (6): 1358 – 1376.

[266] Wijbenga F H, Postma T J B M, Stratling R. The influence of the venture capitalist's governance activities on the entrepreneurial firm's control systems and performance [J]. Entrepreneurship Theory and Practice, 2007, 31 (2): 257 – 277.

[267] Williams J B. The theory of investment value [M]. Cambridge, MA: Harvard University Press, 1938.

[268] Wright M, Lockett A. The structure and management of alliances: syndication in the venture capital industry [J]. Journal of Management Studies, 2003, 40 (8): 2073 – 2102.

[269] Xidonas P, Mavrotas G, Hassapis C, et al. Robust multiobjective portfolio optimization: A minimax regret approach [J]. European Journal of Operational Research, 2017, 262 (1): 299 – 305.

[270] Xu H, Caramanis C, Mannor S. A distributional interpretation of robust optimization [J]. Mathematics of Operations Research, 2012, 37 (1): 95 – 110.

[271] Xu G, Dan B, Zhang X, et al.. Coordinating a dual-channel supply chain with risk-averse under a two-way revenue sharing contract [J]. International Journal of Production Economics, 2014, 147: 171 – 179.

[272] Yager R R. Fuzzy decision making including unequal objectives [J]. Fuzzy Sets and Systems, 1978, 1 (2): 87 -95.

[273] Yang H, Zhuo W, Shao L. Equilibrium evolution in a two-echelon supply chain with financially constrained retailers: The impact of equity financing [J]. International Journal of Production Economics, 2017, 185: 139 -149.

[274] Yao T, Mandala S R, Do Chung B. Evacuation transportation planning under uncertainty: a robust optimization approach [J]. Networks and Spatial Economics, 2009, 9 (2): 171 -189.

[275] Yin L, Xu Q, Wang X. Combined Contract of Supply and Inventory Financing for the Apparel Supply Chain [C]. International Conference on Information Management, Innovation Management and Industrial Engineering. IEEE, 2011: 339 -342.

[276] Yitshaki R. Venture capitalist-entrepreneur conflicts: An exploratory study of determinants and possible resolutions [J]. International Journal of Conflict Management, 2008, 19 (3): 262 -292.

[277] Yoshikawa T, Phan P H, Linton J. The relationship between governance structure and risk management approaches in Japanese venture capital firms [J]. Journal of Business Venturing, 2004, 19 (6): 831 -849.

[278] Yuan Y, Shaw M J. Induction of fuzzy decision trees [J]. Fuzzy Sets and systems, 1995, 69 (2): 125 -139.

[279] Yue J, Chen B, Wang M C. Expected value of distribution information for the newsvendor problem [J]. Operations Research, 2006, 54 (6): 1128 -1136.

[280] Zhang C, Fang Y. Revenue Sharing Contract Based on Supply Chain Finance [C]. Fifth International Conference on Business Intelligence and Financial Engineering. IEEE, 2012: 103 -107.

[281] Zhang J, Liu G, Zhang Q, et al.. Coordinating a supply chain for deteriorating items with a revenue sharing and cooperative investment contract [J]. Omega, 2015, 56 (3): 37 -49.

[282] Zhu Z, Zhang J, Ye Y. Newsvendor optimization with limited distribution information [J]. Optimization Methods and Software, 2013, 28 (3): 640-667.

[283] Zuluaga L F, Peña J F. A conic programming approach to generalized Tchebycheff inequalities [J]. Mathematics of Operations Research, 2005, 30 (2): 369-388.